수원화성

찾아가는 역사

# 수원화성

## 정조의 꿈이 담긴 도시

이미지 글 | 김주리 그림 | 날개달린연필 기획

국민서관

# 차례

### 첫째마당 — 아는 만큼 보여요

### 둘째마당 — 백 번 듣는 것보다 한 번 보는 게 나아요

## 1 신도시 화성을 계획하다
– 왜 수원화성을 계획했을까?

1) 나는 사도세자의 아들이다 · 12
2) 강력한 왕이 되리라 · 16

📖 **똑똑한 역사 읽기** · 19
이사 보상은 얼마나 받았을까?
과거 급제를 위해서 위장 전입까지 했다고?
왕을 호위하는 조선 최고의 부대, 장용영

## 2 화성 성곽을 쌓다
– 수원화성은 어떻게 건설했을까?

1) 정약용, 새로운 성곽을 설계하다 · 22
2) 첨단 기구를 사용하다 · 26
3) 전국에서 전문 일꾼들 모여들다 · 28

📖 **똑똑한 역사 읽기** · 30
조선 후기의 새로운 학문, 실학
화성 공사 보고서, 화성성역의궤

## 3 아름다움이 적에게 두려움을 주다
– 화성 성곽에는 어떤 것들이 있을까?

1) 성벽 – 적의 침입을 막다 · 36

📖 **성벽에서 눈여겨볼 것** · 38

2) 문(門) – 출입하다 · 40
성문, 암문, 수문

📖 **성문에서 눈여겨볼 것** · 44

3) 대(臺) – 높은 위치에서 군사를 지휘하고 적을 감시하다 · 50
장대, 적대, 노대

4) 돈(墩) – 주변을 감시하고 공격하다 · 55
공심돈, 봉돈

5) 루(樓) – 높은 곳에서 적을 살피다 · 60
각루, 포루(砲樓), 포루(鋪樓)

### 구슬이 서 말이라도 꿰어야 보배

**4  왕이 머물다**
 - 화성행궁에는 무엇이 있을까?

1) 화성행궁의 정문, 신풍루 · 68
2) 화성행궁의 정전, 봉수당 · 70
3) 화성행궁의 침전, 장락당 · 72
4) 화성행궁의 행사장, 낙남헌 · 74
5) 왕이 신하를 접견하는 곳, 유여택 · 76

**5  화성에 행차하다**
 - 정조는 수원화성에서 무엇을 했을까?

화성행차를 준비하다 · 82
1일차, 창덕궁을 나서다 · 84
2일차, 화성행궁에 도착하다 · 86
3일차, 향교를 참배하고 인재를 뽑다 · 88
4일차, 현륭원을 참배하고 군사를 훈련시키다 · 90
5일차, 회갑 잔치를 열다 · 92
6일차, 백성들에게 베풀다 · 94
7일차, 화성을 떠나다 · 96
8일차, 창덕궁으로 돌아오다 · 98

**6  화성행차 그 이후**
 - 그 이후 화성의 모습은 어땠을까?

1) 이루지 못한 정조의 꿈 · 100
2) 다시 태어난 수원화성 · 102

📖 **똑똑한 역사 읽기** · 104
  원행을묘정리의궤, 화성행차 8일간의 기록

## 들어가는 말

아빠는 벌써 마음이 설레는구나. 너와 함께 역사 여행을 떠난다니 말이야. 역사를 배우고 알아가는 건 참 의미 있는 일이거든. 역사란 우리가 지금 여기 있게 된 과정이고, 앞으로 이어 가게 될 미래이기 때문이지.

지금은 이렇게 말하지만 아빠도 어렸을 땐 역사를 어렵다고만 생각했어. 사건은 복잡하고, 인물은 많고, 시대는 계속 변하고, 연표는 아무리 외워도 머릿속에 들어오지 않았어. 지루하게 달달 외워야 하는 시험 과목으로만 생각했지, 바르게 알고 본보기로 삼아야 할 거울이란 건 몰랐던 거야. 지나간 역사는 똑같은 잘못을 되풀이하지 않고 앞으로 어떻게 살아가야 하는지를 알려 주는 나침판이 된다는 걸 나중에서야 깨달았단다.

아빠는 어떻게 하면 네가 역사를 자연스럽게 받아들이고 좋아할 수 있을까 고민했어. 그래서 이번 여행의 주제를 세계 문화유산으로 선택했지. 유네스코 세계 문화유산은 인류의 보편적이고 뛰어난 가치를 지닌, 우리가 함께 보존해 나가야 할 유산이야. 우리나라는 창덕궁, 수원화성, 종묘, 남한산성, 백제 역사 유적 지구 등 모두 12개가 등록되어 있어. 유네스코가 인정한 자랑스러운 우리 유산을 통해서 역사를 알아 간다면 좀 더 쉽고 재미있게 역사와 가까워질 수 있을 거야.

아빠와 함께 갈 이번 세계 문화유산 여행은 수원화성이야. 수원화성은 정조가 만든 조선의 신도시이자 그 도시를 둘러싼 성곽이란다. 정조는 화성이라는 새로운 도시를 건설해 자신이 꿈꾸는 개혁이 어떤 것인지 보여 주고자 했어. 위험이 닥쳐도 도시와 백성을 든든히 지켜 줄 튼튼한 성곽이 있고, 그 안에서 모든 백성이 평화롭게 잘 사는 곳, 그게 바로 정조가 꿈꾸던 모습이었단다.

이번 여행을 통해 정조는 왜 화성이라는 새로운 도시를 계획했고, 화성은 어떻게 건설되었으며 실제로 어떤 모습인지 알아보고, 또 화성에서는 어떤 일이 있었는지 역사 속으로 들어가 보자. 그리고 화성의 어떤 점들이 유네스코 세계 문화유산으로 인정받게 되었는지도 같이 찾아보자꾸나. 자, 그럼 이제 떠나 볼까?

# 수원화성 둘러보기

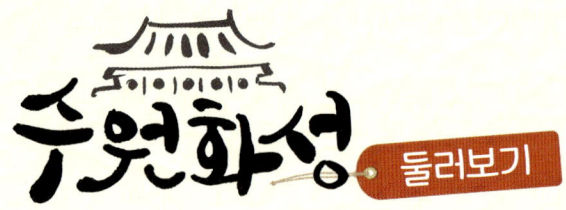

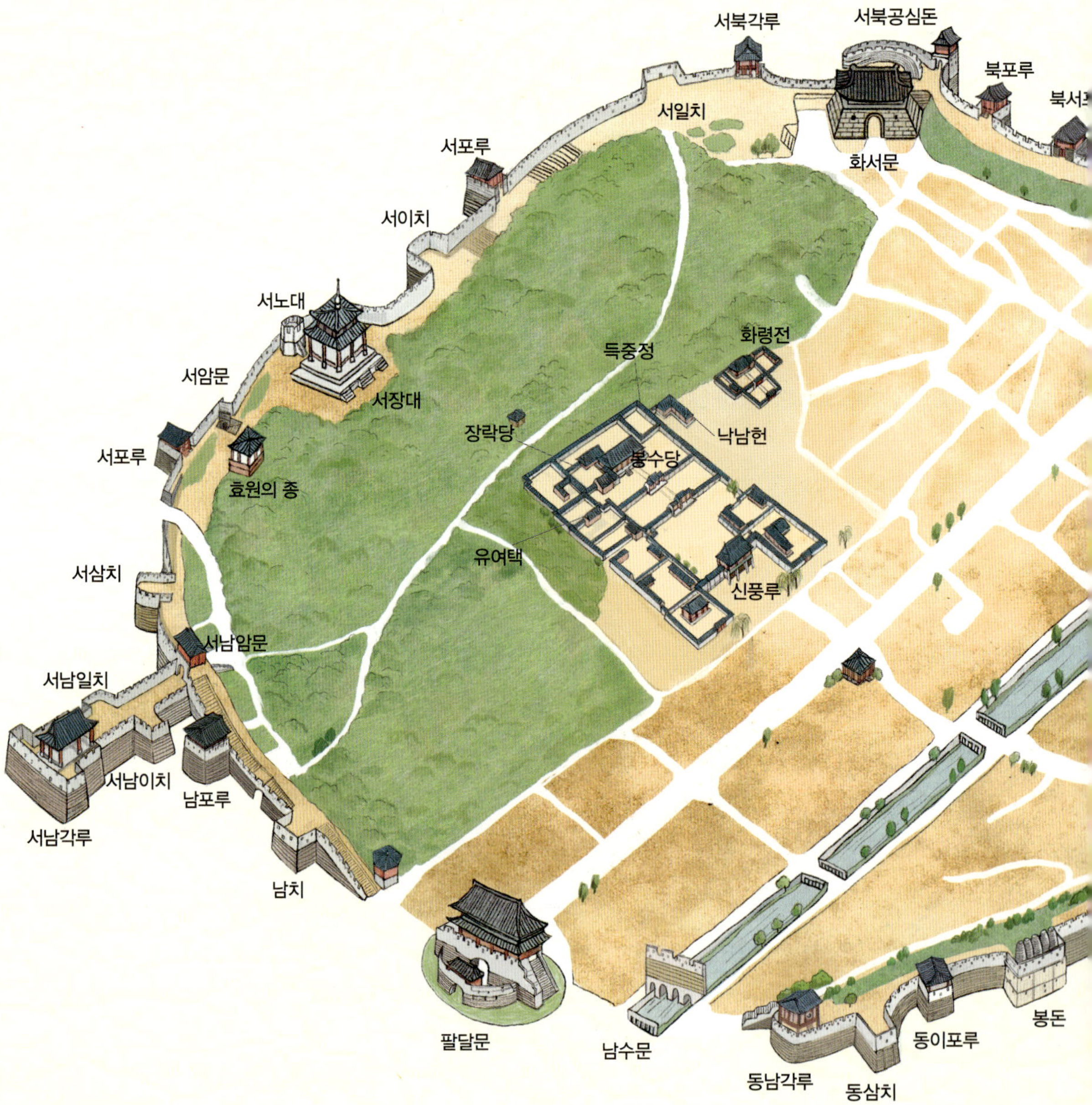

서북각루
서북공심돈
북포루
서일치
화서문
서포루
서이치
서노대
화령전
득중정
서암문
서장대
장락당
낙남헌
서포루
봉수당
효원의 종
유여택
서삼치
신풍루
서남암문
서남일치
서남이치
남포루
서남각루
남치
팔달문
남수문
동남각루
동삼치
동이포루
봉돈

성곽으로 둘러싸인 도시, 화성이 한눈에 보이나요? 화성은 조선 시대 정조가 세운 도시와 그 도시를 둘러싸고 있는 성곽을 말해요. 정조는 외적의 침입에도 끄떡없고, 백성들이 풍요롭게 잘 사는, 튼튼하고 아름다운 도시를 만들고자 했어요. 그래서 철저하게 계획하고 과학 기술을 이용하여 새로운 성곽 도시를 건설했어요. 화성은 만들 당시의 특성이 잘 남아 있고, 훼손된 부분은 철저한 고증을 거쳐 복원을 했기 때문에 1997년 유네스코 세계 문화유산으로 등록되었어요. 아버지에 대한 효심과 강력한 왕도 정치를 이루고자 했던 정조의 꿈이 담긴 도시, 수원화성으로 떠나 보아요.

북서적대
장안문
북동적대
북동치
북동포루
동북각루
북수문
동북포루
북암문
동북포루
동암문
동장대(연무대)
동북공심돈
동북노대
동포루
창룡문
동일치
동일포루
동이치

기대돼요, 수원화성!

## 아는 만큼 보여요

아는 만큼 보인다는 말처럼 화성을 직접 둘러보기 전에 화성에 대해 미리 알고 간다면 더 많은 것이 보일 거야. 남들은 보지 못하고 지나치는 것도 볼 수 있지. 그러니 이번 마당에서는 왜 화성을 계획했는지, 또 어떻게 화성을 건설했는지 알아보기로 해.

# I. 신도시 화성을 계획하다
### - 왜 수원화성을 계획했을까?

## 1) 나는 사도세자의 아들이다

　조선 시대에 만들어진 신도시라니 과연 어떤 모습일까? 5.7킬로미터나 되는 긴 성곽으로 둘러싸인 도시가 어떤 곳이었을지 같이 한번 상상해 보자.

　먼저 걸음으로 4,600보나 되는, 돌로 만든 튼튼한 성곽을 떠올려 봐. 그리고 그 성곽에 둘러싸인 도시를 그려 봐. 서쪽으로는 팔달산이 솟아 있고 그 아래는 관청들이 들어서 있어. 관청 앞으로는 동서와 남북으로 뻗은 큰 십자로가 있어. 도로 주변으로는 물건을 파는 상점들이 늘어섰고 많은 사람들이 지나다니지. 곳곳에는 듬성듬성 기와집도 보이고 옹기종기 모여 있는 많은 초가집들도 보여. 어때? 화성의 모습이 떠오르니?

《화성성역의궤》에 실린 〈화성전도〉

바로 이곳이 정조가 만든 신도시 화성이야. 화성은 도시 이름이자 도시를 둘러싼 성곽 이름이기도 해. 지금은 수원화성이라고 불리지.

그럼 화성이 어떤 곳이었는지 지금부터 자세히 알아보자꾸나. 정조가 화성을 왜 만들었는지부터 알아보면 더 쉽게 이해가 될 거야.

"나는 사도세자의 아들이다."

때는 1776년 3월, 할아버지 영조가 돌아가시고 정조가 왕이 되는 날이었어. 조선의 22번째 임금이 탄생하는 순간이었지. 이날 정조는 가장 먼저 자신이 사도세자의 아들이라는 말을 했어. 앞으로 나라를 잘 다스리겠다, 어진 왕이 되겠다는 다짐도 아니고, 왜 그런 말을 했을까?

정조는 사도세자가 죽은 후 큰아버지인 효장세자의 아들로 입양되었어. 당시 사도세자는 죄인 취급을 받았기 때문에 그 아들인 정조가 왕이 되면 많은 반대에 부딪힐 수 있었거든. 그래서 죽은 효장세자의 아들로서 왕위에 오를 수 있도록 한 거야.

하지만 정조는 억울하게 죽은 아버지 사도세자의 명예를 되찾고, 그의 아들인 자신이 왕이 되는 게 정당하는 걸 보여 주고자 했지. 그래서 왕이 되자마자 그런 말을 한 거란다. 그만큼 정조는 아버지에 대한 마음이 깊었어.

왕이 된 정조는 먼저 아버지의 무덤을 바꾸고 싶어 했지. 당시 사도세자의 무덤은 형편없이 좁고, 초라하기 짝이 없었거든. 그래서 정조는 사도세자의 무덤을 좋은 곳으로 옮기기로 결정했어. 조선 시대에는 왕족이나 평민이나 죽은 사람을 좋은 땅에다 묻어 주는 걸 최고의 효도라고 생각했으니까 말이야.

마침내 무덤을 옮길 자리로 결정된 곳이 바로 화산 근처의 옛 수원(지금의 경기도 화성시)이었어. 정조는 뛰어난 장인들을 참여시켜 사도세자의 무덤을 아름답게 만들도록 정성을 쏟았어. 그렇게 해서 1789년 옛 수원 근처에 사도세자의 새로운 무덤인 '현륭원'(융릉의 옛 이름)이 만들어졌단다.

   그런데 문제가 있었어. 조선 시대 때는 왕실 무덤 주위 10리 안에는 사람이 살 수 없었거든. 무덤을 보호해야 했기 때문에 아무도 들어가지 못하게 하고, 나무도 함부로 베지 못하게 했어. 그러니 원래부터 그곳에 살고 있던 사람들은 이사를 갈 수밖에 없었지. 하지만 정조는 아버지의 무덤 때문에 백성들이 고통을 받아서는 안 된다고 생각했어. 그래서 그들이 잘 살 수 있도록 팔달산 아래에 새로운 터전을 마련해 주기로 했단다.

   정조는 새로운 터전을 만들면서 백성들을 위해 많은 정책들을 펼쳤어. 백성

들이 하던 일을 계속할 수 있게 하고, 비용도 대면서 이사하는 걸 도와주었어. 죄를 짓고 갇혀 있던 사람들도 석방시키고, 새로운 땅으로 이사한 백성들에게는 세금을 거두지도 않았지. 관청과 민가가 지어지고 도로와 기반 시설들도 갖추어졌어. 그렇게 해서 옛 수원 백성들은 팔달산 아래 새로운 땅(지금의 수원 자리)으로 옮겨 가게 되었단다.

정조는 팔달산으로 옮겨 간 수원을 새로운 도시로 만들고 싶어 했어. 농업과 상업이 발달한 경제 도시이자, 최고의 부대가 지키는 큰 도시로 말이야. 그래서 이름을 '화성'으로 바꾸고 성곽을 짓게 했지. 조선의 신도시 화성의 건설은 이렇게 시작된 거란다.

## 2) 강력한 왕이 되리라

'화성' 건설은 사도세자의 무덤 때문에 새 터전이 필요했던 옛 수원 백성들을 위해 시작되었지만 그것 말고도 중요한 이유가 있었어. 어떤 이유인지 짐작할 수 있겠니?

왕이 되면 뭐든지 마음대로 할 수 있을 것 같지만 사실은 그렇지가 않아. 조선에서 가장 높은 사람은 왕이지만 모든 걸 왕 마음대로 휘두를 수는 없었어. 신하들의 의견을 함부로 무시할 수는 없었거든. 가까운 예로 학교를 떠올려 보자. 만약 반장이 혼자 모든 걸 마음대로 한다고 생각해 봐. 그 반은 어떻게 될까? 과연 모든 아이들이 행복할 수 있을까?

그런 면에서 조선은 합리적인 나라였어. 왕과 신하가 서로 협력하기도 하고 견제하기도 하면서 나라를 다스렸으니까. 누구든 함부로 하지 못하게 말이야. 그런데 그게 잘 지켜지지 않을 때도 있었어.

정조가 왕이 될 무렵인 조선 후기에는 권력을 손에 쥔 신하들이 서로 편을 가르고 싸우는 일이 많았단다. 백성들의 생활보다는 자신의 자리를 지키려는 생각뿐이었지. 그런 신하들의 세력 다툼으로 정조는 아버지까지 잃었어. 또 그들의 방해로 왕위에 오르는 일도 순탄하지 않았단다. 정조는 더 이상 이런 일이 일어나지 않도록 나라를 바로 세워야겠다고 결심했어. 왕이 중심이 되어 나라를 개혁하고 다스려야겠다는 생각을 한 거야.

그러기 위해서는 한양에 버금가는 커다란 새 도시가 필요했어. 상업이 발달한 경제 도시를 만들어 백성들이 풍요롭게 살고, '장용영'이라는 최고의 부대가 도시를 지킨다면 강력한 왕권을 든든히 받쳐 줄 기반이 될 거라고 생각한 거지. 그러니까 화성의 건설은 아버지의 무덤을 옮기고, 더불어 자신의 큰 뜻까지 펼칠 수 있는 좋은 기회였던 셈이야.

마침 조선 후기는 사회적으로 많은 변화가 일어나던 시기였어. 농업 기술이 발달하면서 생산력이 늘어났고, 늘어난 생산품을 사고파는 상업이 발달하게 되었지. 전국 각지에 시장이 생기고 물품들이 멀리까지 이동하게 되었어. 그리고 경제적 이득을 따라 사람들도 도시로 모여들었지.

바로 이런 변화를 살펴 정조는 화성을 경제 도시로 키우고자 했던 거야. 돈을 빌려주면서까지 많은 상인들을 불러 모으고, 물품의 이동을 자유롭게 할 수 있도록 큰 길을 내게 했어. 그러기 위해서는 집들이 들어서기 쉽고, 길을 내기 쉬운 평탄한 지형이 필요했단다. 새로운 도시 '화성'이 들어설 곳은 그런 면

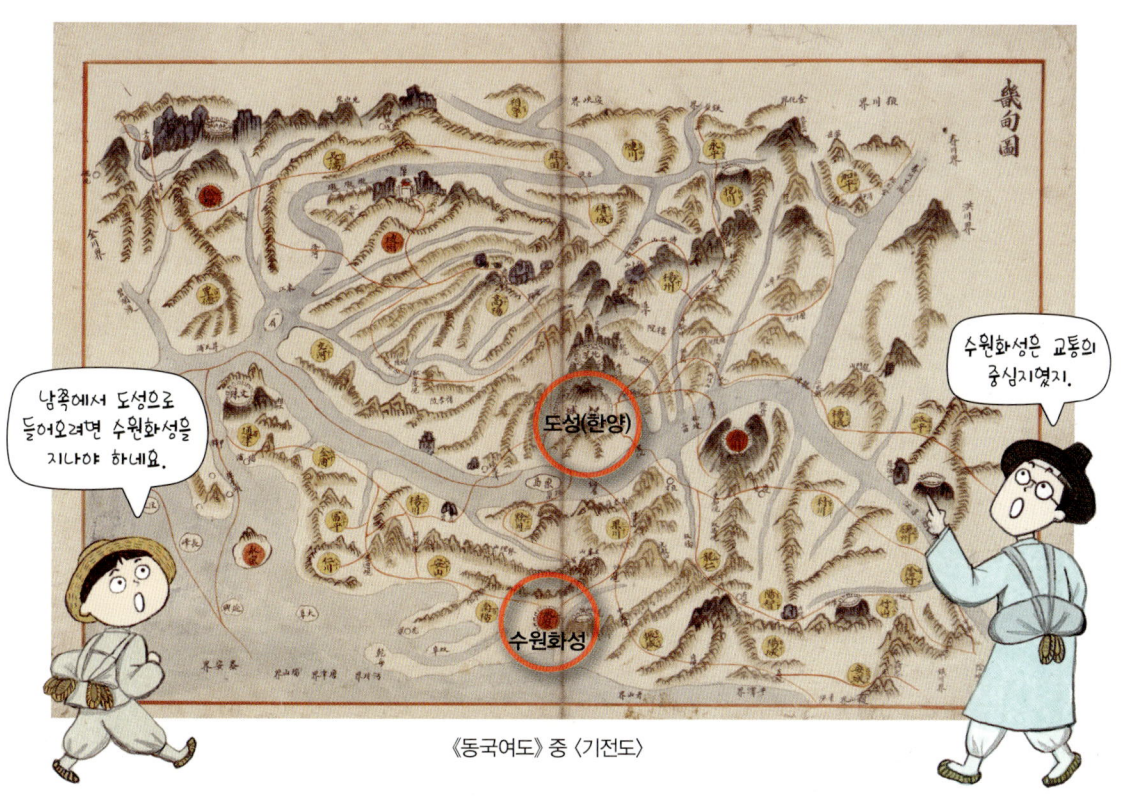

《동국여도》 중 〈기전도〉

에서 딱 알맞은 땅이었어. 넓은 들판이 펼쳐져 있을 뿐만 아니라 한양과 삼남(전라도, 충청도, 경상도)을 연결하는 교통의 중심지이기도 했으니까 말이야.

또 정조는 세자가 15세가 되면 왕위를 물려주고 어머니 혜경궁을 모시고 화성에 내려와 살 계획까지 세웠단다. 상왕이 되어 화성에 살면서 왕을 뒤에서 잘 받쳐 준다면 강력한 왕이 지배하는 나라가 될 거라고 생각한 거야.

이처럼 화성이라는 신도시는 왕권을 강화하기 위해 철저히 준비하고 계획해서 만들어진 도시란다. 이렇게 중요한 곳이니 잘 보호할 필요가 있었겠지? 그래서 도시 주변에 성곽을 쌓기 시작했단다. 화성과 화성 백성들을 지킬 수 있는 튼튼하고 새로운 성곽을 말이야.

수원화성은…

1. 아버지 사도세자 묘 이장
2. 농업과 상업이 발달한 경제 도시
3. 조선 최고 부대, 장용영이 있는 방어 도시
4. 왕권 강화를 위한 기반 마련

아하!

수원화성은 1석 4조!

## 이사 보상은 얼마나 받았을까?

사도세자의 무덤을 옮기면서 원래 그곳에 살던 사람들은 이사를 가야 했어. 이사 명령을 받은 주민들은 철거하는 집값과 이사 비용을 보상 받았단다.

집이 초가 3칸인 진오장이라는 사람은 집값이 6냥, 초가 4칸인 안윤무는 집값이 8냥이었는데 추가로 이사비를 50냥이나 더 받았대. 또 기와집을 갖고 있던 나태을은 집값만 400냥에 이사비로 120냥을 받았다는 기록이 남아 있어. 총 244가구가 보상을 받았다는구나. 당시의 쌀값은 두 가마니(160킬로그램)에 약 3냥 정도였다고 하니까 어느 정도 보상을 받았는지 짐작해 볼 수 있겠지?

이사 명령이 떨어졌는데도 보상이 필요 없다고 버티면서 집값을 몇 배로 받아 나간 기록도 있단다. 또 보상을 다 받고도 천막을 치고는 농작물을 거둬 가고자 버티는 사람들, 돈 받고 이사를 갔다 다시 들어와 사는 사람들도 있었다고 하는구나.

## 과거 급제를 위해서 위장 전입까지 했다고?

정조는 아버지의 무덤을 옮기고 난 다음 해부터 지역 백성들에게 특별 과거 시험을 볼 수 있게 했단다. 1년에 한 번씩 현륭원을 방문할 때마다 그 주변 지역 백성들이 응시할 수 있는 특별 시험을 치르게 한 거야. 이것만 봐도 정조가 그 지역을 얼마나 아꼈는지 알 수 있지.

그런데 이런 일도 있었어. 1790년 2월, 문과 시험에서 5명을 선발하였는데 그중 3명을 수원 출신으로만 뽑았대. 합격자를 발표하고 호적을 확인해 보니 이들이 원래부터 수원에 살던 사람이 아니었다는구나. 특별 시험을 보기 위해 문서를 꾸며서 거짓으로 주소를 쓴 거야. 그래서 정조는 이들의 합격을 모두 취소해 버렸다고 해. 꼼수를 부리는 사람이 있는 건 예나 지금이나 똑같구나. 그렇지?

# 왕을 호위하는 조선 최고의 부대, 장용영

장용영은 왕을 보호하고 왕의 권위를 높이기 위해 만든 조선 시대 최고의 군사들이 모인 부대란다. 정조는 당시 반대 세력에 의해 좌지우지되는 군대를 대신해 자신의 개혁 정치에 큰 힘이 될 수 있는 조선 최강의 군대를 만들었단다. 그게 바로 장용영이야.

장용영은 내영과 외영으로 나뉘는데 내영은 도성(한양)을 지키고, 외영은 화성을 지키도록 했어. 한양에 있는 내영보다 화성에 있는 외영이 훨씬 더 강력한 군대였다고 하는구나. 외영에 속한 군사는 5,000명이나 되었고, 화성 주변의 다섯 고을에 8,000명을 두어 1만 3,000명이나 되는 군사들이 화성을 지키게 했단다. 그만큼 정조는 화성을 중요하게 생각했던 거야.

정조는 매년 화성에서 무과 시험을 실시해 능력 있는 무인들을 선발하고 이들을 장용영 외영에 소속시켜 화성을 지키도록 했어. 또 규장각 검서관인 박제가, 이덕무와 장용영 장교인 백동수에게 《무예도보통지》라는 책을 만들게 했지. 이 책은 무예 동작 하나하나를 글과 그림으로 설명한 훈련서인데 땅에서 하는 무예 18가지와 말을 타고 하는 무예 6가지가 들어 있단다. 장용영 군사가 되려면 이 책에 나오는 기술을 모두 익혀야 했다는구나.

장용영은 조선 역사상 가장 강력한 군대 중 하나였어. 하지만 정조가 죽고 난 후 1802년에 해체되고 말았어. 그 이후로 조선에서 무예를 숭상하는 정신이 점차 사라지게 되었다고 하니 참 안타까운 일이야.

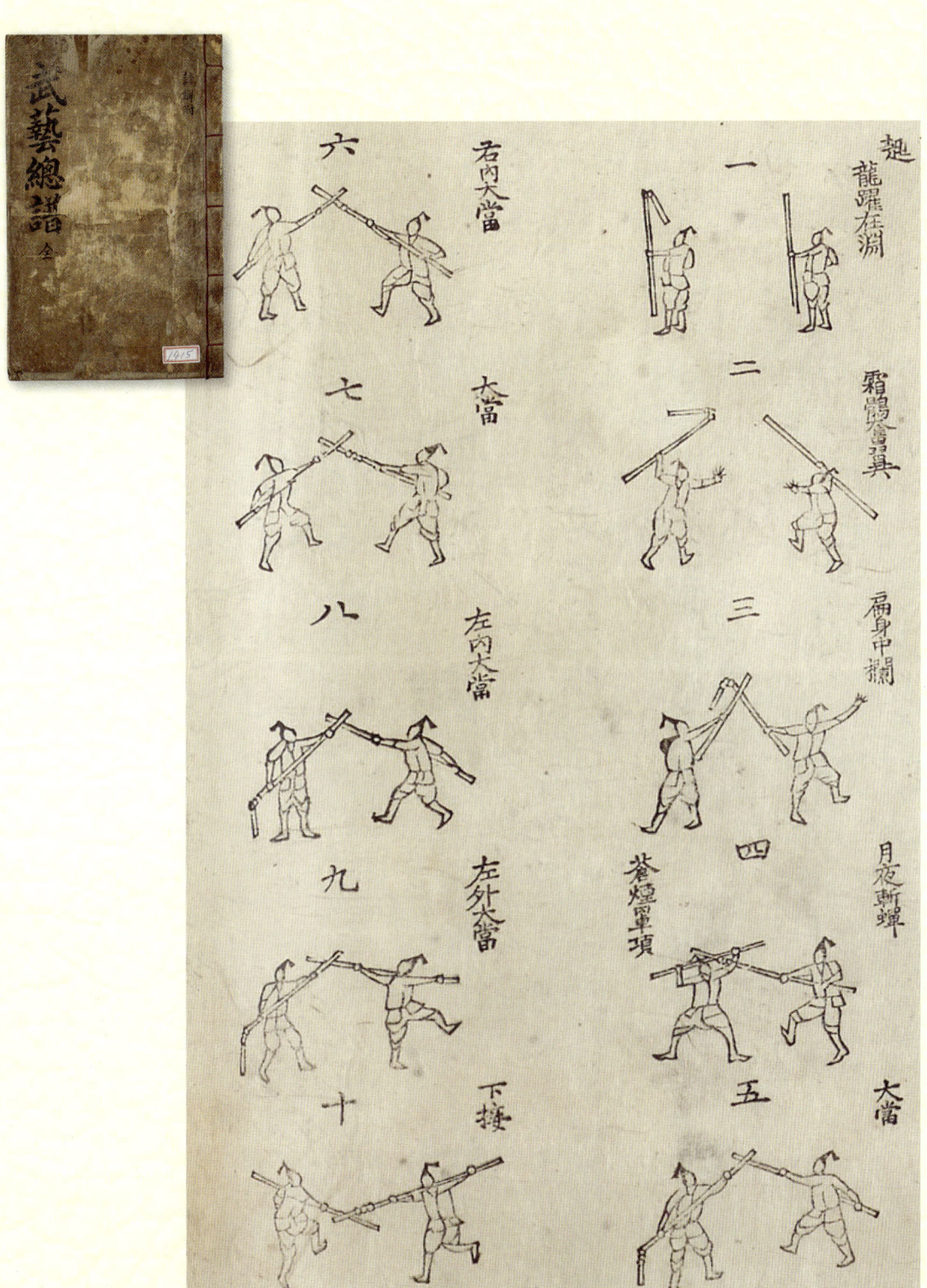

《무예도보통지언해》에 실린 그림

## 2. 화성 성곽을 쌓다
### - 수원화성은 어떻게 건설했을까?

> 1) 정약용, 새로운 성곽을 설계하다

새 도시가 어느 정도 모습을 갖추어 가자 정조는 도시 주변을 둘러쌀 성곽을 쌓기로 결정했어. 홍문관에서 일하던 젊은 학자 정약용에게 성곽의 설계를 맡겼지. 정약용은 실제 생활에 필요한 학문을 추구한 실학자였어. 화성은 정조가 아꼈던 도시인 만큼 그곳을 보호할 성곽을 쌓는 일은 아주 중요한 일이었단다. 그런데 그런 중요한 공사 계획을 왜 젊은 학자 정약용에게 맡겼을까? 조정에는 경험이 많은 다른 전문가가 많았는데 말이야.

정조가 바란 것은 무엇이었을까? 원래 있던 방식으로 짓는 성곽이 아닌 새로운 모습의 성곽을 원했던 게 아닐까? 왜냐하면 화성 신도시는 이전부터 있던 행정 도시가 아니라, 상업이 발달하고 경제 활동이 활발한 새로운 경제 도시로 계획되었으니까 말이야. 도시의 백성과 재산을 보호할 수 있는 특별한 성곽이 필요했던 거지. 정조가 바란 대로 정약용은 신도시 화성에 걸맞은 새로운 성곽을 설계했단다.

정약용이 설계한 화성 성곽의 새로운 모습을 이해하려면 그동안의 다른 성곽들을 알아볼 필요가 있겠지? 우리나라는 산과 골짜기가 많은 지형 때문에 주로 산성을 쌓아 적의 침입을 막아 왔어. 사람들이 사는 도시 주변을 성벽으로 둘러싼 읍성도 있었지만 적의 침입을 막기에는 너무나 허술했단다. 전쟁을 대비하기보다는 평상시 주민들을 통제하는 정도로만 쓰였거든.

임진왜란과 병자호란 같은 큰 전쟁을 겪은 후 성곽 제도를 고쳐야 한다는 목소리가 높았어. 정약용은 이런 시대적 요구에 맞게 새로운 읍성을 설계한 거야. 평상시뿐 아니라 전쟁 시에도 성을 지킬 수 있는, 방어 시설을 갖춘 튼튼한 성곽으로 말이야.

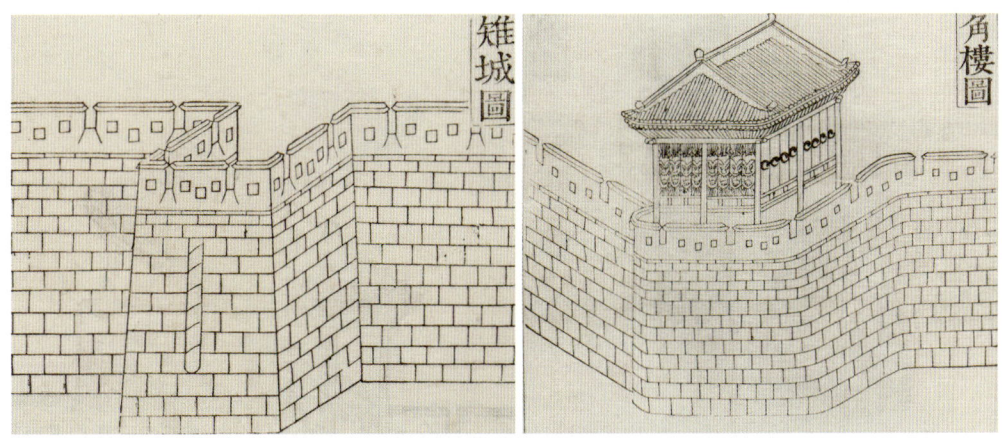

《화성성역의궤》에 나온 방어 시설, 치성(왼쪽)과 각루(오른쪽)

정약용은 〈성설〉이라는 화성 성곽 계획서를 정조에게 올렸어. 성설에는 성의 치수와 재료, 성을 쌓는 방법, 기초 다지기와 돌 뜨기, 길 닦기, 수레 만들기, 성벽의 모양 등 정약용이 생각해 낸 여덟 가지 내용이 들어 있었어. 그리고 성곽에 설치할 새로운 시설물도 제안했지. 이런 새로운 방안이 쉽게 나온 건 아니었어. 많은 연구와 노력 끝에 나온 성과였단다. 정약용은 조선 성곽의 장단점을 연구하고, 중국과 일본 성곽의 장점도 받아들였어. 그리고 서양 과학 기술 서적까지 열심히 공부해 이루어 낸 결과였지.

드디어 1794년 1월, 화성 성곽 공사가 시작되었어. 공사를 위해 '성역소'라는 임시 기구를 두고 최고 책임자에는 채제공, 그 밑으로 실제 책임자에 조심태가 임명되었어. 채제공은 영조 때부터 영의정 등을 지낸 최고의 재상이었어. 정조

의 두터운 신임을 받고 있었지. 채제공이 최고 책임자로 임명되었다는 건 화성 성곽 공사가 그만큼 중요하다는 거야.

　채제공은 최고 책임자가 된 후 다음과 같은 원칙을 만들었어.

　첫째, 빨리 서두르지 말고, 둘째, 화려하게 하지 말고, 셋째, 기초를 단단히 쌓아야 한다는 원칙이었지. 일을 서두르다 백성들이 다치는 일이 없도록 하고 겉모습만 화려한 성곽이 아니라 기초부터 단단히 하여 어떤 것에도 무너지지 않는 튼튼한 성곽을 쌓아야 한다는 뜻이었어. 아마 정조의 마음도 같았을 거야. 화성 성곽은 정조 개인만을 위한 성곽이 아니라 백성들과 함께 살아가기 위한 성곽이었으니까 말이야.

## 2) 첨단 기구를 사용하다

　화성 성곽을 쌓는 공사는 1794년 1월에 시작해서 1796년 9월에 끝이 났어. 약 2년 반 정도 걸린 셈이지. 놀랍지 않니? 5.7킬로미터나 되는 성곽과 여러 시설물들을 만드는 데 고작 2년 반 정도라니, 그때는 지금처럼 크레인이나 굴삭기 같은 공사 장비가 없었을 텐데 말이야. 그 당시 사람들도 공사가 이렇게 빨리 끝나리라고는 생각하지 못했나 봐. 10년을 예상했던 공사였거든. 그런데 어떻게 이런 큰 공사를 빨리 끝낼 수 있었을까?

　여러 가지 이유가 있지만 그중의 하나는 정약용이 고안한 새로운 기구를 많이 사용했기 때문이야. 성곽을 쌓기 위해서는 큰 돌과 나무 등 여러 건축 재료가 필요한데 그것들을 운반하는 건 쉬운 일이 아니었어. 요즘 같으면 덤프트럭이 쉽게 운반할 수 있겠지만, 옛날에는 그 엄청난 무게의 재료들을 어떻게 운반했을까?

　바로 정약용이 생각해 낸 거중기와 유형거 같은 기구가 큰 역할을 했단다. 거중기는 무거운 물건을 들어 올리는 데 쓰는 기구인데 여러 개의 도르래를 이용해 무거운 물체를 작

유형거

녹로

은 힘으로 들어 올릴 수 있도록 한 장치야. 이전부터 우리 백성들이 성을 쌓거나 큰 집을 지을 때 사용하던 녹로의 원리를 발전시킨 것이란다. 정약용이 정조가 내려 준 《기기도설》이라는 중국 책을 참고해서 생각해 냈다고 해. 왕실에서 직접 만들어서 공사 현장에 보냈다고 하는구나. 정조는 공사가 끝난 후 거중기 덕분에 공사비 4만 냥을 절약했다며 정약용을 칭찬했단다.

거중기 외에도 짐을 싣고 경사진 곳을 쉽게 올라갈 수 있었던 유형거도 11량이 만들어져 사용이 되었어. 보통의 수레 100대로 324일 걸려서 운반할 짐을 유형거는 70대로 154일에 나를 수 있대. 그러니 공사 기간을 줄일 수 있었을 뿐만 아니라 공사비도 많이 절약할 수 있었지.

거중기나 유형거 외에도 소가 끄는 수레인 대거, 평거, 발거 등 여러 기구가 사용되었어. 이런 새로운 기구들이 사용될 수 있었던 건 정조가 기계 장치의 쓰임에 대해 큰 관심을 갖고 있었던 덕분이야. 그리고 실생활에 도움이 되는 학문인 실학을 공부한 정약용의 힘이 컸지.

거중기

## 3) 전국에서 전문 일꾼들 모여들다

　성곽 공사 기간을 줄일 수 있었던 또 다른 이유는 조선 최고의 장인들과 많은 일꾼들의 참여 덕분이었어. 성곽을 설계한 건 정약용이었지만 실제 성곽을 쌓는 데 참여한 장인과 일꾼들은 전국 각지에서 모인 백성들이었지.

　화성 공사에 대한 기록인 《화성성역의궤》에 보면 공사에 참여한 이들의 이름과 일한 곳, 일한 날짜 등이 상세하게 기록되어 있단다. 석수, 목수, 미장이, 대장장이 등 22개 직종 1,840명이나 되는 장인들이 공사에 참여했어. 이들은 어떤 일을 얼마나 잘하는지에 따라 일반 일꾼들보다 더 많은 임금을 받았어. 하는 일에 따라 임금을 다르게 받는 건 당연한 일이지만 예전에는 그렇지 못했어. 나라에 큰 공사가 있으면 일반 백성들은 나라에서 시키는 일을 정해진 날짜만큼 해야 했어. 17세기 이후가 돼서야 비로소 임금을 받고 일을 할 수 있었지. 장인들의 경우도 마찬가지였단다. 하지만 정조는 장인이 가진 기술의 중요성을 인정하고 그 가치를 알았기 때문에 그들이 일하는 환경을 더 좋게 만든 거야.

　《화성성역의궤》에 보면 정조가 장인과 일꾼들을 얼마나 아끼고 배려했는지 알 수 있는 기록이 많이 있단다. '호궤'라고 임금이 음식을 크게 내리는 행사가 있었는데 여름에 무더울 때나 해가 바뀌어 공사를 새로 시작할 때, 공사가 끝나 갈 때 등 11차례나 음식을 내렸다고 하는구나. 처음 호궤 때는 장인과 일꾼 한 사람에게 흰떡 두 가래에 수육 한 근, 술 한 그릇이 돌아가도록 했고, 보통 때는 밥 한 그릇과 국 한 그릇, 생선 자반 두 마리씩을 내렸대.

　또 공사를 감독하는 감독관과 장인들에게 여름과 겨울에 더위와 추위를 막을 물품을 내려 주기도 했어. 더위에 몸이 약해진 사람을 치료하는 약인 '척서

단'과 '제중단'이라는 영양제를 내리기도 하고, 추위에 대비해 장인 한 사람당 털모자 하나에 무명 한 필을 나눠 주기도 했어. 백성들을 아끼는 정조의 마음 씀씀이가 충분히 전해지지?

과학 기술을 이용한 새로운 기구 사용과 장인들에 대한 배려와 관심, 그리고 백성들을 아끼는 정조의 마음 덕분에 10년을 예상한 화성 공사가 2년 9개월 만에 끝날 수 있었던 거란다.

# 조선 후기의 새로운 학문, 실학

실학은 실제로 소용되는 참된 학문이라는 뜻으로 실생활에 도움이 되고자 하는 학문이야. 실학이 등장한 조선 후기는 여러 가지 많은 변화가 있던 시기란다.

임진왜란과 병자호란이라는 두 번의 큰 전쟁을 겪으며 백성들의 생활은 궁핍해졌고, 나라 살림도 힘들었어. 그래서 나라에서는 돈을 내면 양반 신분을 살 수 있도록 해 주었지. 그 결과 양반의 수는 늘어났고, 신분 제도는 흔들리게 되었어. 또 가난한 백성들은 땅을 빌려 농사를 짓고 살았는데 양반들은 자기가 내야 할 세금까지 떠넘기며 농민들을 괴롭혔어. 백성들은 점점 살기가 힘들어졌단다.

이런 시기에 등장한 게 바로 실학이란다. 실학자들은 실생활의 어려움을 해결하고 백성들이 잘 살도록 하기 위해 개혁이 필요하다고 주장했어.

유형원, 이익, 정약용 등은 토지 제도를 개혁해 농사를 짓는 농민들이 토지를 가져야 한다고 주장했고, 박제가, 박지원 등은 청나라의 발전된 문물을 받아들이고, 상공업을 발전시켜야 백성들이 풍요롭게 살 수 있고, 나라 또한 튼튼해진다고 주장했어. 또 김정희, 김정호 같은 학자들은 학문을 연구하는 자세에 대해 새로운 방향을 제시했어. 하지만 이런 실학자들은 대부분 권력에서 멀리 떨어져 있었기 때문에 그들의 개혁을 실현시키기는 힘들었어.

그래도 실학자들 덕분에 중국 중심의 사고에서 벗어나 조선의 역사와 문화에 대한 연구가 활발해지고 근대화를 향한 바탕이 마련될 수 있었단다.

# 화성 공사 보고서, 화성성역의궤

의궤란 왕실의 중요한 의식이나 행사를 글과 그림으로 기록한 책을 말한단다. 후손들이 중요한 행사를 치를 때 참고할 수 있도록 기록으로 남겨 놓은 책이지.

그중《화성성역의궤》는 화성 공사에 대한 모든 것을 기록한 책이야. 화성 공사 일정과 감독관, 각 시설물에 대한 그림과 설명이 세세하게 기록되어 있어. 그뿐만 아니라 공사에 참여한 장인의 이름과 지급된 임금, 일한 날수, 또 공사 중에 오간 문서와 왕의 명령, 사용된 물품의 수량과 가격 등도 적혀 있단다. 심지어 각 건물을 짓는 데 들어간 못의 규격과 수량, 가격까지 적혀 있다니 그 기록이 얼마나 치밀하고 방대한지 놀라지 않을 수가 없구나. 이런 세밀한 기록은 공사에 참여한 사람들이 책임감을 갖도록 하는데 중요한 역할을 했단다. 그리고 후대 사람들이 참고하는 데도 도움을 주고 말이야.

실제로 이《화성성역의궤》덕분에 수원화성은 복원된 건물임에도 불구하고 유네스코 세계 문화유산에 등재될 수 있었단다. 유네스코에서는 문화유산이 본래의 모습대로 복원되고 관리되지 않으면 인정하지 않았거든. 일제 강점기와 한국 전쟁을 거치며 화성의 많은 부분이 파괴되었지만《화성성역의궤》에 모든 것이 기록되어 있었기 때문에 옛 모습 그대로 화성을 살릴 수 있었던 거야. 기록을 중시했던 우리 조상들에게 정말 감사한 일이지.

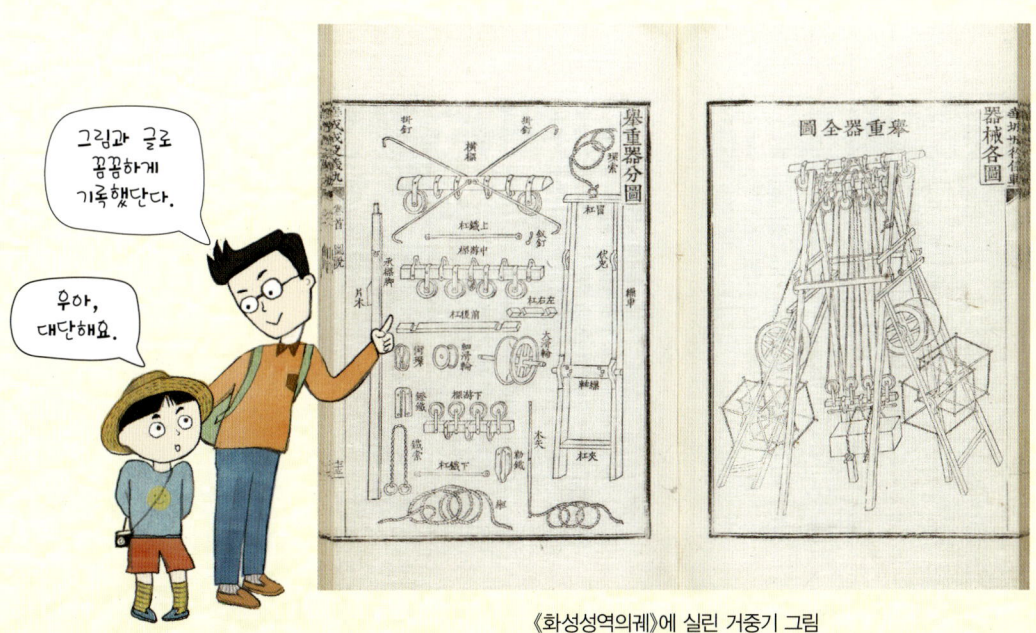

《화성성역의궤》에 실린 거중기 그림

# 백 번 듣는 것보다 한 번 보는 게 나아요

백 번 듣는 것보다 한 번 보는 게 낫다는 말처럼 책으로 배우는 것보다는 화성에 직접 가 보는 게 더 쉽고 재미있을 거야. 이번 마당에서는 화성 성곽을 따라 걷기도 하고, 어떤 시설들이 있는지 직접 확인해 보기로 해.

## 3. 아름다움이 적에게 두려움을 주다
### - 화성 성곽에는 어떤 것들이 있을까?

도시를 지키기 위한 성곽이라면 어떻게 지어야 할까?

적의 침입을 막을 수 있게 튼튼하게 짓는 게 가장 먼저겠지? 그리고 적을 감시하고 공격하는 시설들도 있어야겠지.

화성 성곽도 그런 점을 고려해 만들어졌어. 또 지형에 따라 구불구불 이어진 화성 성곽은 도시를 지키기 위한 시설임에도 불구하고 자연과 조화를 이루며 참 아름답게 지어졌단다.

도시를 지키는 성곽은 아름다울 필요가 없다고 말하는 신하들에게 정조는 '아름다움이 적을 두렵게 한다'고 했어. 그 말의 의미가 무엇인지 알겠니? 사람들은 아름다운 자연의 모습이나 예술 작품을 보았을 때 그 아름다움에 압도당해서 숨이 막힐 것 같다고들 하지. 아마 정조도 그런 생각을 했을 거야. 적들이 화성의 아름다움에 넋을 잃고 있는 모습 말이야.

그럼 우리도 성곽을 둘러보며 직접 느껴 보자. 그 전에 성벽과 성문, 그리고 여러 방어 시설들로 이루어진 화성 성곽에는 어떤 것들이 있는지 먼저 알아보자꾸나.

### 1) 성벽 - 적의 침입을 막다

화성을 둘러볼 때 가장 먼저 만나는 건 아마도 길게 이어진 성벽일 거야. 커다란 돌을 층층이 쌓아 올린 성벽의 모습이 참 웅장하지? 어떤 적이 쳐들어와도 끄떡없이 그 자리에서 버텨 줄 것 같구나.

화성 성벽의 높이는 약 6미터, 산등성이의 경사진 곳은 약 4미터 정도란다. 안쪽은 높은 지대를 이용해 흙을 쌓아 올리고 바깥쪽은 돌을 쌓아 만들었어. 우리나라는 산등성이나 산기슭에 성을 쌓는 경우가 많기 때문에 안팎으로 돌을 쌓을 필요가 없었단다. 그러니 자연 지형을 이용해 성을 쌓는 비용까지 줄

여기는 치성.

일 수가 있었지. 성벽을 쌓는 재료로는 주로 돌이 쓰였고, 방어 시설을 짓는 데는 벽돌을 사용하기도 했어. 돌은 네모나게 다듬어 쌓았는데 군데군데 크기가 다른 돌을 모서리를 깎아 서로 맞물리게 했단다. 그건 마찰력을 크게 해 성벽을 더 튼튼하게 만들기 위해서야.

성벽을 따라 걷다 보면 밖으로 툭 튀어나온 곳을 만나게 될 거야. 성벽에 접근하는 적을 성벽 옆에서도 막을 수 있도록 한 시설인데 '치'라고 부른단다. 치성은 성문을 보호하는 옹성과 더불어 정약용이 제안한 시설이야. 치성을 활용해 다른 형태의 방어 시설을 만들기도 했어. 그러니 잘 기억하고 있다가 치성이 어떤 시설들로 변신하는지 놓치지 말고 살펴보자.

저기는 치성을 활용한 포루란다.

## 성벽에서 눈여겨볼 것

**여장** 군사들이 몸을 숨길 수 있도록 성벽 위에 낮은 담을 다시 쌓은 것을 말해. 여장에 몸을 숨긴 상태에서 적을 감시하거나 공격할 수 있도록 한 거지. 다른 말로는 성가퀴라고도 불러.

어디 갔지? 보이질 않네.

히히, 여기 숨었는데~.

**1타와 타구** 여장 하나를 1타라고 하고, 여장과 여장 사이의 틈을 타구라고 하는데 타구는 몸을 숨겨 적을 공격하는 곳이야.

가까이 있는 적군 공격    근총안    원총안    멀리 있는 적군 공격

**총안** 여장에 구멍을 내어 총이나 활로 적을 공격할 수 있도록 한 거야. 멀리 있는 적을 공격하기 위해 구멍을 수평으로 낸 원총안, 가까이 있는 적을 공격하기 위해 성벽 바로 아래를 향하도록 구멍을 낸 근총안이 있단다.

## 2) 문(問) - 출입하다

### ● 성문

성벽을 따라 걸어 봤으니 이제 성문으로 들어가 볼까? 거대한 성벽이 빙 둘러싸고 있으니 사람들이 드나들기 위해서는 성문이 있어야겠지? 화성에는 이런 성곽 안팎을 드나들기 위한 출입문이 동서남북에 각각 하나씩 있단다. 그런데 성문 앞에 또 성벽이 보이지? 벽돌로 쌓아 올린 둥근 모양의 성벽 말이야. 이게 바로 성문을 보호하기 위한 시설인 옹성이야. 이중으로 성문을 보호하면서 적의 공격을 막을 수 있도록 한 거지. 적의 대포 공격에도 끄떡없도록 벽돌로 쌓은 옹성은 성문을 보호할 뿐만 아니라 성문 자체를 더욱 웅장하고 아름답게 만드는 것 같아.

**장안문**은 북쪽에 있는 문으로 화성의 정문이라고 할 수 있어. 서울에서 오는 왕을 가장 먼저 맞이하는 문이었어.

　장안문은 우리나라에서 가장 큰 성문이란다. 국보 제1호인 숭례문보다 더 크지. '장안'이라는 말은 수도를 뜻하는 말이자 백성들을 편안하고 잘 살게 한다는 의미야. 화성 정문의 이름을 '장안'이라고 한 걸 보면 정조는 화성을 무척 아꼈던 게 틀림없어. 원래 장안문은 한국 전쟁 때 파손되었는데 후에 복원을 했다는구나.

장안문과 비슷한 모양으로 만들어진 남쪽 문이 바로 **팔달문**이야. 사방으로 통한다는 뜻을 갖고 있지. 팔달문은 만들어진 당시의 모습이 그대로 남아 있어서 보물 제402호로 지정되어 있어. 크기와 형태가 비슷하게 만들어진 장안문과 팔달문은 홍예문(무지개 모양의 문) 위에 2층 문루를 세워 더 위엄 있게 보인단다. 그리고 성문을 보호하는 옹성의 출입문도 특이하게 중앙에 나 있어. 옹성의 출입문은 적이 드나드는 것을 막기 위해 한쪽 구석에 만드는 게 보통인데 장안문과 팔달문의 옹성문은 일부러 한가운데에 만들었어. 이건 적에 대한 방어도 중요하지만 평상시 사람과 물자의 이동도 중요하게 생각했기 때문이란다.

**창룡문**은 동쪽에 있는 문으로 장안문과 팔달문에 비해서는 규모가 작게 만들어졌어. 서쪽 문인 화서문과 크기와 모양이 거의 같단다.

팔달문

창룡문

한국 전쟁 때 문루가 파괴되었지만 지금은 복원되었어. 파괴되지 않은 옹성 안 홍예문 왼쪽 벽에 당시 공사를 진행했던 담당자들의 이름이 새겨져 있어. 그러니 공사에 참여했던 사람들이 더욱 책임감을 가지고 했겠지?

화서문은 화성에서 서해안 바닷가로 가기 위해 통과하는 문인데 팔달문과 마찬가지로 원래의 모습을 그대로 간직하고 있어서 보물 제403호로 지정되었어. 창룡문과 화서문은 홍예문 위에 단층 문루만 세워져 있어 장안문과 팔달문에 비해서는 작고 소박해 보이지. 그뿐만 아니라 창룡문과 화서문의 옹성은 출입문이 따로 만들어져 있지 않고 한쪽이 열려 있는 형태로 되어 있단다.

성 안쪽에서 본 화서문

## 성문에서 눈여겨볼 것

**문루** 사방을 둘러볼 수 있도록 성문 위에 지은 건물이야. 성 안팎의 출입을 통제하기도 하고 전쟁 시에는 지휘소로 이용되기도 하지. 장안문과 팔달문은 2층 문루, 창룡문과 화서문은 단층 문루가 세워져 있어.

**깃발** 각 성문에는 동서남북을 나타내는 서로 다른 색의 깃발이 꽂혀 있어. 동쪽 창룡문에는 파란 깃발, 서쪽 화서문에는 흰 깃발, 남쪽 팔달문에는 붉은 깃발, 북쪽 장안문에는 검은 깃발이 있지.

**현안** 세로로 길게 구멍을 낸 것으로 적이 접근하면 뜨거운 물이나 기름을 흘려 보내 적을 막는단다.

**공사실명판** 각 성문마다 공사 책임자의 이름을 새겨 놓아 책임감을 갖게 했어.

**오성지** 성문에 불이 붙었을 때 불을 끄기 위해 물을 흘려보내는 다섯 개의 구멍이란다. 장안문과 팔달문의 옹성 출입문 위에 다섯 개의 구멍이 뚫려 있지.

윗부분을 무지개처럼 둥글게 만든 문이 홍예문이군요?

성문 앞에 만들어 놓은 반원 모양의 둥근 성벽 보이지? 저게 바로 성문을 보호하는 옹성이야.

## ● 암문

성곽 안팎을 드나들 수 있는 문은 성문밖에 없었을까? 한번 찾아볼래? 사실 찾기가 쉽지는 않을 거야. 성문처럼 크게 만들어 눈에 띄는 것도 아니고, 성곽 깊숙한 곳에 만들어져 밖에서는 잘 보이지 않거든. 적이 알지 못하도록 만든 비밀 문이라고 할 수 있지. 이런 문을 암문이라고 해.

그럼 암문은 왜 만들었을까? 전쟁이 났을 때 적들 모르게 사람이나 가축, 물자가 드나들 수 있도록 하기 위해서 만든 거야. 화성에는 이런 암문이 원래 5개(남암문, 북암문, 동암문, 서암문, 서남암문)가 있었는데 지금은 남암문은 없고 4개의 암문만 남아 있단다.

서암문은 서장대에서 남쪽으로 조금 떨어진 곳에 있어. 다른 암문과는 다르게 출구가 바깥쪽으로 향하지 않고 옆으로 틀어져 있어. 그래서 가까이 가기 전에는 문이 있는지 알 수 없을 정도로 감쪽같이 만들어졌단다. 자연 지형을 잘 살린 가장 비밀스러운 문이야.

서암문

성안에서 바라본 서남암문

그에 비해 **서남암문**은 팔달산 한쪽 높은 곳에 위치해 있어 남쪽 멀리까지 볼 수 있단다. 그래서 적을 감시할 수 있게 포사가 설치되어 있어. 화성의 암문 중 유일하게 포사가 설치된 곳이지.

**북암문**은 방화수류정과 동북포루 사이에 있는데 화성에서는 유일하게 벽돌로 좌우 성벽을 쌓았어. 동북포루와 동장대 사이에 있는 **동암문**은 북암문과 마찬가지로 오성지와 둥근 여장을 설치했단다.

북암문

● 수문

화성 성곽에는 사람이 지나다니는 문뿐만 아니라 물이 지나는 수문도 있어. 지금은 수원천이라고 부르는 긴 하천이 화성을 가로질러 흐르는데 수문은 이 물길이 지나는 문이야. 수문은 물을 건너는 다리 역할뿐만 아니라 물의 흐름을 관리하며 홍수를 예방하고, 사람들의 쉼터 역할까지 하지. 상류에서 성안으로 물이 들어오는 북수문과 물이 성 밖으로 흘러 나가는 남수문이 있어.

아름다운 무지개란 뜻의 '화홍문'으로도 불리는 북수문은 주변의 자연과 어우러져 아름답기로 소문난 곳이란다. 7개의 무지개 모양 수문으로 물이 흐르

고, 수문 위로는 누각이 지어져 있어. 평상시에는 동서를 잇는 다리 역할을 하고, 전쟁 시에는 적을 공격할 수 있도록 총과 대포를 쏠 수 있게 만들었지. 또 무지개 수문 밑에는 쇠창살을 달아 적이 다리 밑으로 들어오는 것도 막을 수 있게 했어. 실용성과 아름다움이 조화를 이루는 화성 성곽의 대표적인 시설이야. 그뿐만 아니라 일제 강점기 때는 수원천이 범람해서 화홍문이 무너졌는데 사람들이 자발적으로 돈을 모아 복원을 한 의미 있는 곳이기도 하단다.

## 3) 대(臺) - 높은 위치에서 군사를 지휘하고 적을 감시하다

● 장대

성곽의 중요한 역할은 적으로부터 도시와 백성들을 보호하는 거야. 그러기 위해서는 적을 감시하는 군사들과 그 군사들을 지휘할 수 있는 곳이 꼭 필요하겠지? 지금부터 볼 곳이 바로 그런 곳이야. 장대라고 부르는데 성 안팎을 한눈에 바라볼 수 있지. 주로 지대가 높은 곳이나 넓은 곳에 세웠어. 군사들을 모아 놓고 지휘하기 좋도록 말이야.

화성에는 서쪽과 동쪽 두 곳에 장대가 있단다.

서장대는 화성의 군사들을 총지휘하는 곳이야. 한마디로 화성의 최고 지휘 본부인 셈이지. 팔달산 꼭대기에 위치해 있어 성 안팎을 한눈에 내려다볼 수 있단다. 우뚝 솟은 2층 누각은 마치 용맹한 장군이 화성을 호령하듯 위엄 있는 모습이구나.

정조는 1795년에 아버지의 무덤을 참배하고 서장대에 올라 직접 군사 훈련을 지휘하기도 했어. 올라가는 길이 힘들긴 하지만 서장대에 직접 올라 보면 지금의 수원 시내가 한눈에 내려다보인단다. 가슴이 확 트이는 기분이 들 거야. 서장대에 서서 그 옛날 정조가 군사들을 호령하던 모습을 한번 떠올려 보자. 아마 멋진 경험이 될 거야.

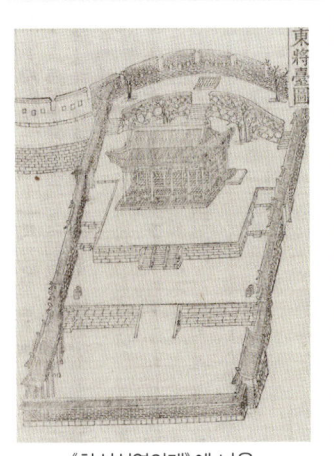

《화성성역의궤》에 나온
위에서 내려다본 동장대의 모습

사방이 트인 동쪽 넓은 곳에 위치한 **동장대**는 평상시 군사들을 훈련시키는 곳이야. 앞에 넓은 터를 두고 사방에는 담이 둘러져 있지. 그리고 여러 번 대를 쌓아 올리고 가운데 높은 곳에 건물을 세웠어. 넓은 뜰에서 군사들이 활쏘기, 창 쓰기, 말타기 등의 다양한 훈련을 했어. 그래서 무예를 훈련하는 곳이라는 뜻으로 '연무대'라고 부르기도 한단다. 그런데 가장 낮은 대에서 두 번째 대로 올라가는 통로를 잘 봐. 계단이 아니라 흙으로 된 경사진 길이야. 계단이 편할 텐데 왜 저렇게 만들었을까? 지휘관이 말을 타고도 잘 올라갈 수 있도록 그렇게 만든 거란다.

동장대 넓은 터에서는 큰 행사도 많이 열렸어. 화성 공사 기간 동안 왕이 음식을 베푸는 '호궤'도 이곳 동장대에서 여섯 번이나 있었다는구나.

북서적대

## ● 적대

성문을 보호하는 시설로 옹성이 있다고 했지? 옹성 말고도 성문을 보호하기 위한 시설이 또 있어. 바로 적대라고 하는 거야. 치성처럼 성벽 밖으로 튀어나와 있는데 성문의 좌우에 하나씩 배치되어 있지. 적을 감시하다가 적이 성문으로 접근하면 양쪽 적대에서 총이나 화포를 쏠 수 있게 되어 있단다. 우리나라 다른 성곽에는 없는 시설물이지.

지금은 장안문 좌우의 북동적대와 북서적대만 남아 있고 팔달문 좌우에 있던 적대는 사라지고 없어. 적대에도 뜨거운 물이나 기름을 부어 적을 공격할 수 있도록 만든 현안이 있으니 잘 살펴봐.

## ● 노대

쇠뇌를 멀리 쏠 수 있도록 높이 지은 건축물이야. 쇠뇌란 여러 대의 화살을 연속으로 쏠 수 있는 기계 장치가 달린 활을 말해.

또 노대에서는 특정한 깃발을 흔들어 성안 곳곳으로 명령을 전하기도 했어. 노대는 유일하게 화성에만 있는 것으로 돌과 벽돌을 함께 사용해 만들었단다. 서장대 뒤에는 위는 좁고 아래는 넓은 팔각형 모양의 **서노대**가 있고, 창룡문 근처에는 모서리가 둥근 사각 형태의 **동북노대**가 있어. 동북노대는 치성 위에 만들어졌어.

동북노대

서노대는 수원화성에서 가장 높은 곳이야.

서노대

## 4) 돈(墩) - 주변을 감시하고 공격하다

● **공심돈**

화성 성곽을 둘러보다 보면 아주 멋지고 특이한 건물을 발견하게 될 거야. 유일하게 화성에만 있는 시설인 공심돈이야. 성곽 주변과 적을 감시하기 위한 망루란다. 3층으로 지어졌는데 속이 빈 형태로 되어 있어. 계단을 통해 오르내릴 수가 있지. 각 층마다 구멍을 뚫어 안에서 총이나 포를 쏠 수 있게 만들었어. 꼭대기에는 집을 지어 군사들이 머무르거나 망을 볼 수 있게 했단다.

1797년 화성을 둘러보던 정조는 공심돈을 보면서 우리나라에서 처음 만든 것이니 마음껏 구경하라며 만족해했다는구나. 원래는 3개의 공심돈이 있었는데 지금은 남공심돈이 사라지고, 서북공심돈과 동북공심돈만 남아 있어.

서북공심돈

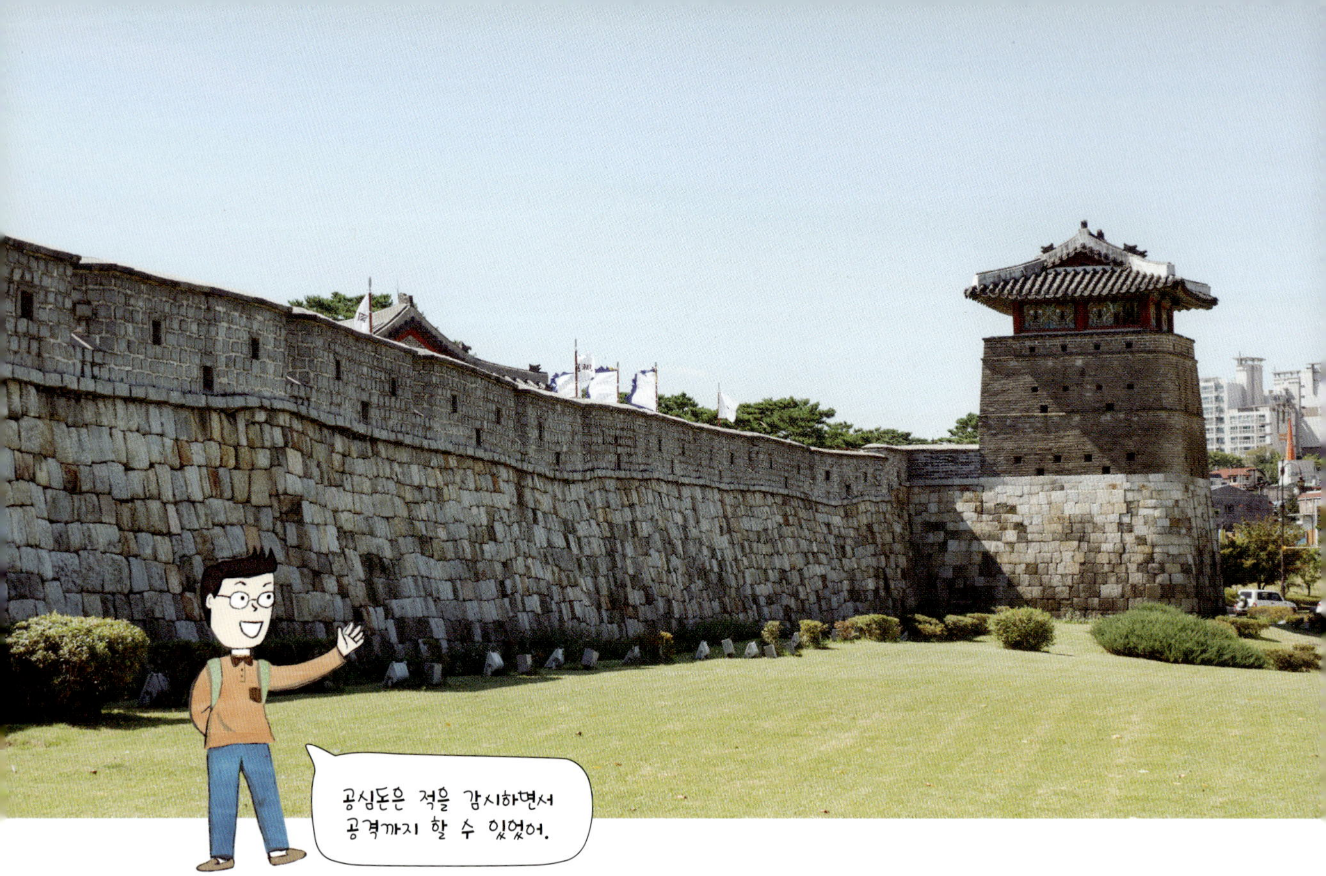

공심돈은 적을 감시하면서 공격까지 할 수 있었어.

화서문 옆에 자리 잡은 서북공심돈은 튀어나온 성벽 위에 3층의 망루를 세우고 군사들이 머물 수 있게 기와 건물을 올린 모습이야. 돌로 쌓은 성벽 위에 벽돌로 네모난 통 모양의 시설을 만들었어.

西北空心墩裏圖

《화성성역의궤》에 나온 서북공심돈 내부 모습

내부는 총 3층으로 되어 있는데 2층과 3층 부분은 마루를 깔고 사다리를 놓아 이동을 했어. 서북공심돈은 한국 전쟁에서도 살아남아 옛날 모습 그대로 남아 있단다.

동장대에서 창룡문 쪽으로 가다

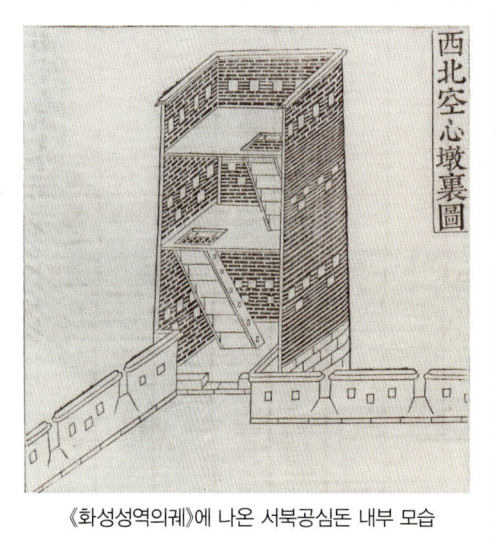

보면 화성에서 유일하게 둥근 모양을 한 건축물을 볼 수 있어. 벽돌로 쌓은 이 건물이 바로 **동북공심돈**이야. 성벽 위에 세워진 서북공심돈과 달리 성벽 안쪽으로 떨어져 있단다. 둥근 형태이기 때문에 소라처럼 빙글빙글 계단을 올라가도록 되어 있어. 그래서 소라각이라고도 불리지. 내부는 서북공심돈과 같이 3층 구조로 되어 있어. 안으로 들어가 빙글빙글 계단을 밟고 꼭대기에 오르면 화성 전체가 한눈에 들어온단다.

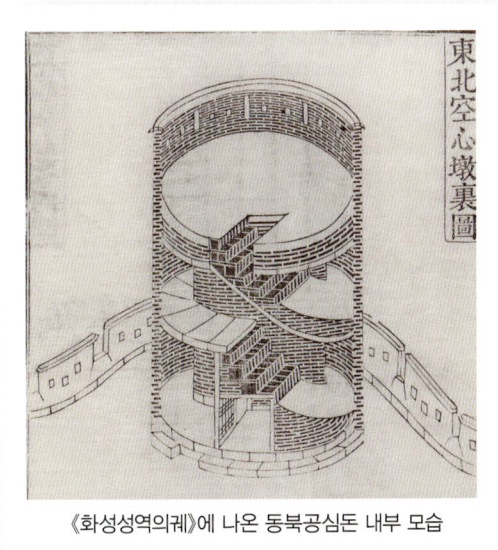

《화성성역의궤》에 나온 동북공심돈 내부 모습

### ● 봉돈

　화성행궁에서 정면을 보면 굴뚝처럼 생긴 시설물이 보일 거야. 뭔지 알겠니? 아마 드라마나 영화에서 많이 봤을걸? 바로 적이 침입했을 때 불이나 연기로 위험을 알리는 봉화대야.

　화성의 봉돈은 봉화대뿐만 아니라 군사들이 숨어서 적을 공격할 수 있도록 총구멍까지 만들어 놓았단다. 봉돈 안쪽을 보면 3층으로 만들어 각각의 자리에서 총을 쏠 수 있게 했어. 이렇게 불과 연기를 올리는 봉화대만이 아니라 방어 시설까지 겸비한 곳이었기 때문에 이곳을 봉돈이라고 불러.

행궁은 왕이 머무는 곳이니 위험이 닥치면 가장 먼저 알 수 있도록 봉돈을 행궁의 정면에 위치하도록 했단다. 보통 대부분의 봉화대는 산봉우리에 있는데 화성의 봉돈은 성벽에 있다는 점도 특이해. 또 굴뚝 자체를 모두 벽돌로 쌓은 것도 우리나라에서는 처음이라는구나. 덕분에 화성의 봉돈은 무척 정교하고 위엄 있어 보인단다. 자, 그럼 각 굴뚝마다 연기가 올라가면 어떤 신호인지 한번 볼까?

평상시에는 연기 1개

국경 멀리 적이 나타나면 연기 2개

적이 국경에 가까이 오면 연기 3개

적이 국경을 넘어오면 4개를 피워!

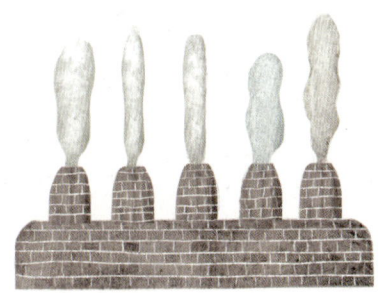

전쟁이 시작됐다! 연기 5개 모두 피워!

## 5) 루(樓) - 높은 곳에서 적을 살피다

● 각루

높은 언덕에 누각을 세워 성 밖을 감시하고 때로는 휴식을 즐길 수 있도록 만든 시설물을 각루라고 불러. 화성에는 동서남북 사방에 각루를 세웠는데 동북각루, 서북각루, 서남각루, 동남각루가 있지.

동북각루는 서장대 다음으로 전투 지휘소 역할을 하는 곳이야. 하지만 실제로는 쉼터로 더 많이 사용되었어. 화성에서 가장 경치 좋은 곳을 꼽으라면 아마도 많은 사람들이 이곳을 선택할 거야. 높이 솟은 바위 언덕에는 화려한 지붕의 정자가 세워져 있고, 정자에 올라 성 바깥을 보면 언덕 아래로 연못과 나무들이 아름답게 조화를 이루고 있지. 그 주변으로는 무지개다리 밑으로 물이

흐르는 화홍문(북수문)도 있고 말이야. 그래서 이곳은 꽃을 찾고 버드나무를 따라가는 아름다운 정자라는 뜻의 '방화수류정'이라고도 불려. 우뚝 솟은 바위 위에 세워진 정자와 그 아래 용연이라는 연못이 어우러져 한 폭의 산수화를 보는 듯 아름답지. 특히 정자 아랫부분의 서쪽 벽을 보면 나무 기둥 사이에 벽돌을 이용해 '十(십)' 자 모양의 무늬를 넣어 무척 아름답단다. 군사 지휘소의 역할을 하는 곳인데도 참 멋지게 지었지? 잠시 이곳에 앉아 불어오는 시원한 바람을 맞으며 그 옛날 사람들처럼 여유를 한번 느껴 보는 건 어떨까?

동북각루 서쪽 벽의 십자 무늬

이 용도의 남쪽 끝에 있는 게 서남각루야.

　서장대에서 팔달문 쪽으로 걷다 보면 서남암문이 나오는데 이 암문을 통해 바깥으로 나가면 성벽과 성벽 사이에 난 길이 있단다. 이 길을 '용도'라고 하는데 용도 끝에 서남각루가 있어. '화양루'라고도 불리는 이곳은 특이하게도 성곽의 바깥에 세워져 있지. 높은 지대였기 때문에 성안을 보호하기 위해서는 놓칠 수 없는 중요한 위치였단다. 그래서 성벽 바깥으로 '용도'라는 길을 따로 만들어 적을 감시할 수 있는 각루를 만든 거야.

● **포루(砲樓)**

성벽을 툭 튀어나오게 만들어 성벽으로 접근하는 적을 좌우에서 공격할 수 있도록 한 치성 기억나지? 그 치성의 또 다른 형태인, 성문을 좌우에서 보호하는 적대도 살펴봤어. 이제부터 알아볼 곳도 이 치성을 활용한 시설이야. 포루라고 하는데 화성에는 두 종류의 포루가 있단다.

그중 '대포 포(砲)' 자를 쓰는 이곳은 튀어나온 성벽 안에서 적을 공격할 수 있게 한 벽돌 건물이야. 공심돈처럼 안은 비어 있는데 그 안에 화포를 감춰 두었다가 적을 공격할 수 있도록 만들었어. 화성에는 모두 5개의 포루(砲樓)를 설치했단다.

화포를 놓는 포루(砲樓)

군사들이 몸을 숨기는 포루(鋪樓)

● 포루(鋪樓)

'가게 포(鋪)' 자를 쓰는 이곳은 치성 위에 군사들이 망을 보면서 대기할 수 있도록 지은 목조 건물이야. 군사들이 몸을 숨길 수도 있고, 또 뭘 하고 있는지 적이 눈치채지 못하게 가려 주는 역할도 하지. 이것도 마찬가지로 치성을 활용한 거야. 화성에는 단순히 성벽을 튀어나오게 만든 치성만 8군데, 치성 위에 포루(鋪樓)를 세운 곳도 5군데나 있단다.

## 4. 왕이 머물다
### - 화성행궁에는 무엇이 있을까?

　왕이 평상시 살던 곳은 경복궁이나 창덕궁 같은 정궁이었어. 그럼 궁 밖을 나와 지방에 가게 되었을 때는 어디서 머물렀을까? 또 다른 궁이 있었을까? 지금부터 보게 될 행궁이 바로 그런 곳이야. 왕이 지방에 머물 때 임시로 거처하던 곳을 행궁이라고 한단다.

　화성 안에 지어진 화성행궁도 그중의 하나야. 그런데 화성행궁은 다른 행궁들에 비해 그 규모가 큰 편이야. 576칸이나 되는 건물들로 이루어져 있지. 규모가 엄청나지?

　화성행궁은 정조가 아버지의 무덤인 현륭원을 참배할 때 머물기 위해 지어진 곳이란다. 그뿐만 아니라 나중에 정조가 세자에게 왕위를 물려주고 내려와 살기 위한 곳이기도 했어. 그래서 다른 행궁들보다 크게 지었다고 하는구나. 하지만 그 규모에 비해서 화성행궁의 장식이나 외관은 화려하지 않고, 오히려 소박하단다. 이것은 평소 검소하고 항상 백성들을 생각하는 정조의 철학이 담겨 있기 때문이야. 그럼 화성행궁을 좀 더 자세히 둘러보기로 하자.

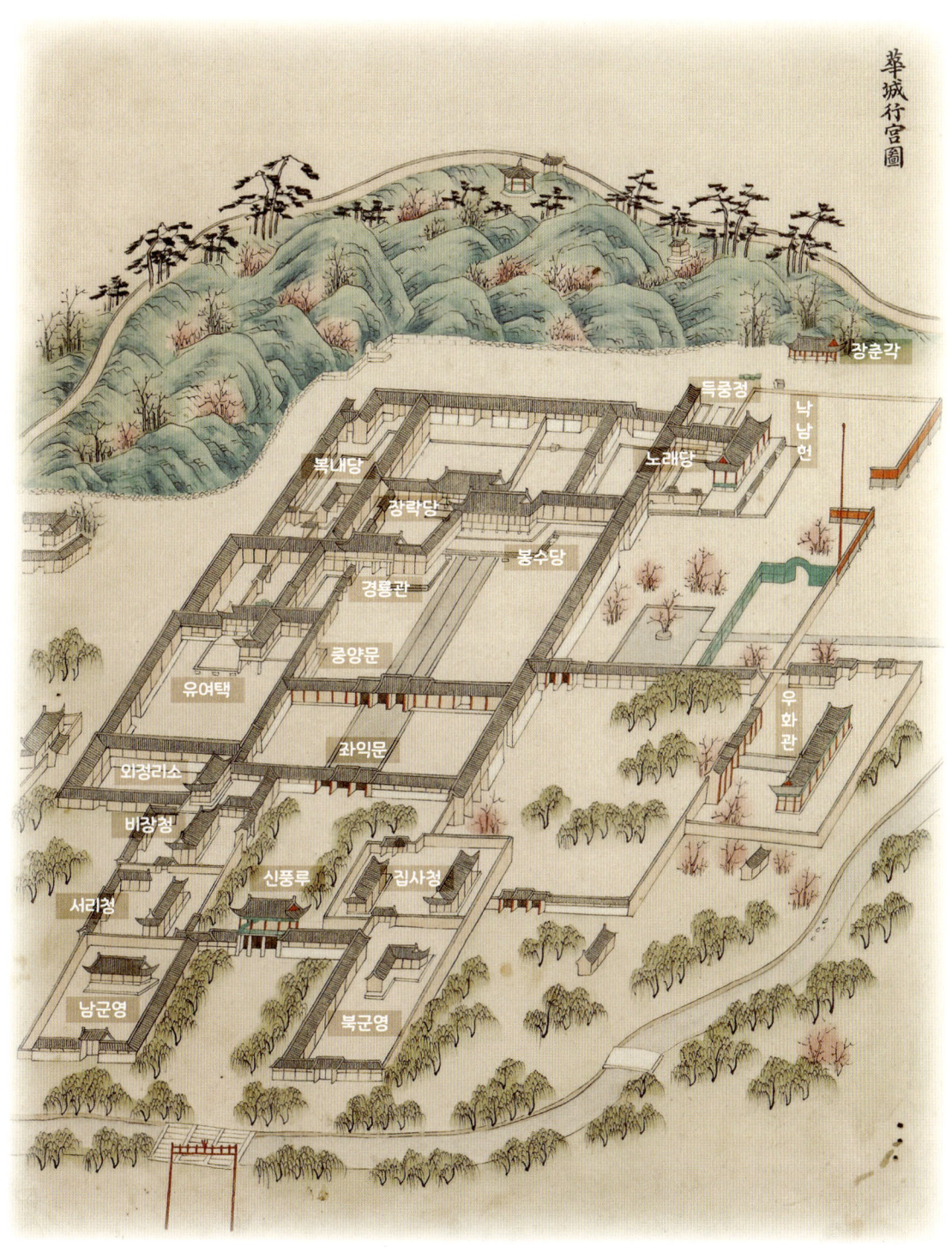

《화성원행의궤도》 중 〈화성행궁도〉

### 1) 화성행궁의 정문, 신풍루

 먼저 행궁 안으로 들어가기 전에 그 앞을 한번 둘러볼까? 가장 먼저 붉은색으로 칠한 나무 문(홍살문)이 보이고, 작은 냇물을 건너는 다리가 있어. 이 다리의 이름은 신풍교야. 화성행궁의 정문인 신풍루의 이름을 따서 그렇게 붙였대. 그리고 신풍루 앞에 큰 느티나무 세 그루가 보이지? '品(품)' 자 형태로 서 있는 세 그루는 각각 영의정, 좌의정, 우의정을 상징한다고 해. 조선 시대 궁궐 앞에는 3정승이 올바른 정치를 하라는 의미로 '品' 자 형태로 나무를 심었다는 구나. 하지만 지금은 화성행궁에만 세 그루의 나무가 남아 있단다.

이제 화성행궁의 정문인 신풍루를 살펴보자. 2층으로 지어졌고, 문은 세 칸으로 나뉘어져 있는데 왕은 가운데 문으로만 다녔어. 이곳은 처음엔 '진남루'라 불렀는데 정조가 '신풍루'라는 새로운 이름을 지었단다. 정조의 새로운 고향이라는 의미를 담고 있지. 그래서 당시 최고 명필이었던 조윤형에게 현판 글씨를 쓰게 했어.

신풍루는 행궁의 정문일 뿐만 아니라 정조가 백성들을 얼마나 아끼고 사랑했는지 보여 주는 의미 있는 장소이기도 하단다. 신풍루 앞에서 정조가 직접 가난한 백성들에게 쌀을 나누어 주고, 죽을 끓여 먹이는 행사가 열리기도 했거든.

자, 백성을 위했던 정조의 마음을 생각하며 이제 행궁 안으로 들어가 보자.

## 2) 화성행궁의 정전, 봉수당

정문인 신풍루를 지나 화성행궁에서 가장 중요한 건물인 봉수당으로 가기 위해서는 좌익문과 중앙문이라는 두 개의 문을 더 지나야 한단다. 봉수당은 경복궁의 근정전, 창덕궁의 인정전처럼 화성행궁의 정전으로 사용된 건물이야. 그러니 이곳에 가기 위해서는 '삼문'을 지나야만 해. 경복궁의 경우 근정전으로 가려면 광화문, 흥례문, 근정문을 지나야 하고, 창덕궁의 경우는 인정전으로 가려면 돈화문, 진선문, 인정문을 지나야 하는 것처럼 말이야. 행궁임에도 불구하고 정궁의 '삼문' 형식을 따른 거란다.

봉수당은 정조의 어머니 혜경궁의 회갑 잔치가 열린, 의미 있는 곳이기도 해. 원래는 '장남헌'이라고 불렀는데 정조가 혜경궁의 회갑 잔치를 열면서 '봉수당'이라는 새로운 이름을 지었어. 어머니가 오래오래 건강하게 사시길 바라는 마음을 담아서 말이야. 정조의 지극한 효심이 건물 이름에서도 잘 드러나는 곳이지. 혜경궁이 81세까지 장수를 했다고 하니 정조의 효심이 하늘에 닿은 걸지도 모르겠구나.

봉수당 내부의 편전

봉수당

## 3) 화성행궁의 침전, 장락당

다음으로 가 볼 곳은 특이하게도 봉수당의 지붕과 이어져 있는 장락당이야. 장락당은 화성행궁의 침전인데 봉수당과 연결되어 바로 통하도록 되어 있단다. 이런 특이한 건물 구조는 정조가 어머니를 생각하는 마음에서 나온 거야.

장락당에서 머무를 어머니가 봉수당에서 열릴 회갑 잔치 때 이동을 편하게 할 수 있도록 두 건물이 연결되게 만든 거지. 정조의 세심한 배려가 느껴지지? 장락당이라는 건물 이름도 어머니의 만수무강을 바라며 정조가 직접 글씨를 써서 걸어 놓았다는구나.

봉수당과 연결된 통로

정조의 효심이 얼마나 지극했는지 느껴져요.

낙남헌

## 4) 화성행궁의 행사장, 낙남헌

이제 봉수당을 나와 북쪽으로 가 보자. 넓은 마당이 있는 건물이 보이지? 이곳은 행궁에서 여러 가지 행사를 치르기 위해 지어진 낙남헌이란다. 그래서 많은 사람들을 수용할 수 있게 넓은 앞마당도 만들었어. 경복궁의 경회루와 같은 역할을 한 곳이지.

1795년 혜경궁의 회갑 잔치 기간에 이곳에서 많은 행사들이 치러졌단다. 군사들을 배불리 먹이는 '호궤'뿐만 아니라 특별 과거 시험을 실시하여 급제자에게 합격증을 주는 행사인 '방방'도 이곳에서 치러졌어. 또 혜경궁의 회갑을 기념하여 노인을 대접하는 양로연 행사도 이곳에서 했지. 낙남헌은 화성행궁 건물 중에 일제 강점기에도 파괴되지 않고 남은 유일한 건물이기도 하단다.

득중정

　　낙남헌과 'ㄱ' 자 형태로 연결된 온돌방이 있는데 이곳은 낙남헌과 득중정에서 펼쳐지는 행사 중간에 정조가 잠시 쉬는 공간으로 마련한 '노래당'이야. 정조가 나중에 화성에 내려와 살 것을 생각하며 이름을 지은 게 아닐까 추측한단다. 또 노래당과 연결된 '득중정'은 정조가 활쏘기를 하던 곳이야.

## 5) 왕이 신하를 접견하는 곳, **유여택**

유여택은 왕이 행차할 때 잠시 머물며 신하를 만나는 곳으로 이용하던 건물이야. 평상시에는 화성유수가 거처하는 곳이기도 하지. 1795년에 정조는 이곳에서 여러 행사에 대한 보고를 받고 하교를 내리기도 했단다.

그 외에도 화성행궁의 내당이자 평상시 화성유수의 가족들이 거처하던 '복내당', 화성행궁의 행사 준비를 담당하던 '외정리소', 문서의 기록과 수령, 발급을 담당하던 '서리청', 잡다한 사무를 보던 집사들이 사용하는 '집사청' 등이 있으니 찬찬히 둘러보도록 하자.

유여택

복내당 부엌

집사청 입구의 600년 된 느티나무

집사청의 집사 모형

이 느티나무는 화성행궁이 세워지기 전부터 있었어.

외정리소에 보관된 악기

유여택 마당에 있는 뒤주

사도세자는 좁은 뒤주에서 얼마나 답답했을까?

# 구슬이 서 말이라도 꿰어야 보배

구슬이 서 말이라도 꿰어야 보배라는 말처럼 화성에 관한 지식만 있다고 역사를 알게 되는 건 아니란다. 역사 속에서 화성은 어떤 의미가 있는지, 그리고 어떤 일들이 있었고, 어떻게 변해 갔는지 화성을 통해 역사를 배워 보기로 해.

# 5. 화성에 행차하다
 - 정조는 수원화성에서 무엇을 했을까?

 텔레비전 사극에서 왕이 궁을 나와 행차하는 장면을 본 적 있니? 말을 탄 군사들이 왕을 호위하고 수많은 신하들이 따르는 긴 행렬 말이야. 왕들은 조상의 무덤을 참배하기 위해 이런 궁 밖 행차를 종종 했어. 보통 1년에 한두 번 정도 했다는구나. 그런데 정조는 훨씬 더 자주 했단다. 왕위에 있던 24년간 66번이나 행차를 했어. 1년에 3번 정도 되는 셈이지. 그중 13번은 아버지의 무덤을 참배한 거란다.

 정조는 1789년 아버지의 무덤을 옮긴 후 해마다 신하들을 거느리고 현륭원

을 방문했어. 이걸 '원행'이라 불러. 그중에서 1795년의 현륭원 방문은 아주 특별했단다. 1795년(을묘년)은 어머니 혜경궁 홍씨가 회갑이 되는 해였거든. 그래서 그 해에는 특별히 어머니를 모시고 현륭원을 참배하는 길에 올랐어. 아버지의 무덤이 있는 곳에서 어머니의 회갑을 기념하는 큰 잔치를 열기 위해서였지. 그리고 장엄하고 웅장한 왕의 행차를 통해 반대편 세력들과 백성들에게 왕의 위엄을 보여 주고자 한 목적도 있었어. 또 가까이에서 백성들의 목소리를 듣기 위한 목적도 있었고 말이야. 그만큼 을묘년에 있었던 8일간의 화성행차는 정조에게 의미 있고 중요한 행사였어. 이쯤 되니 8일 동안 어떤 일들이 있었는지 궁금해지지 않니? 그럼 정조의 화성행차에 대해 좀 더 자세히 알아보도록 하자.

## 화성행차를 준비하다

"예를 다하되 사치하거나 낭비하지 말라."

1795년에 치러진 정조의 화성행차는 엄청난 규모의 행사였어. 그래서 철저한 준비가 필요했지. 왕을 따르는 수많은 신하들과 군사들, 그리고 필요한 물자까지 경비가 많이 드는 행사였어. 하지만 정조는 행차 비용 때문에 백성들이 고통을 받아서는 안 된다고 생각했단다. 사치와 낭비를 엄격하게 막고 이를 어길 경우 처벌할 수 있도록 했지. 행차 하루 전날에는 암행어사까지 보내 왕의 행차를 빌미로 백성들에게 물품을 뜯어내는 신하들을 철저히 막으려고 애썼단다.

"적은 비용으로 안전하게 만들 수 있는 좋은 방법이 없을까?"

화성으로 행차하기 위해서는 한강을 건너야만 하는데 수많은 사람들이 직접 배를 타고 이동하는 건 굉장히 어려운 일이었어. 그래서 배로 다리를 만들어 건너기로 했지. 정조는 여러 날을 고민해 직접 배다리 설계의 기본 원칙을 만들었단다. 그리고 신하들의 세부적인 설계를 덧붙여 드디어 한강에 배다리가 완성되었어. 36척의 배를 연결하고 그 위에 판자를 깐 약 340미터 길이의 배다리였어. 불과 11일이라는 짧은 기간에 한강(지금의 노량진 앞)에 배다리가 건설된 건 이때가 처음이었단다.

*배 위에 판자를 까니 훌륭한 다리가 생겼구나!*

*우리도 배다리 구경하러 가요!*

《화성원행의궤도》 중 〈주교도〉

## 1일차, 창덕궁을 나서다 (윤 2월 9일)

"구경꾼들을 막지 말거라."

1795년 윤 2월 9일 아침, 드디어 정조와 어머니 혜경궁은 창덕궁 돈화문을 나와 화성행차 길에 올랐단다. 행차를 자세히 그린 〈반차도〉에 따르면 왕의 행렬을 따르는 사람은 무려 1,779명이나 되고 말도 779필이나 되었어. 갖가지 색깔의 깃발이 휘날리고, 말을 탄 악대가 악기를 연주하면서 행진하는 모습이 어땠을지 한번 상상해 봐. 그 외에도 6,000명이나 되는 사람들이 행차에 동원되었다니 규모가 어마어마했을 거야. 백성들이 이 멋진 광경을 구경하기 위해 몰려드는 건 당연한 일이었지. 하지만 정조는 그들을 막지 말라고 명령했단다.

정조의 어머니 혜경궁이 탄 가마

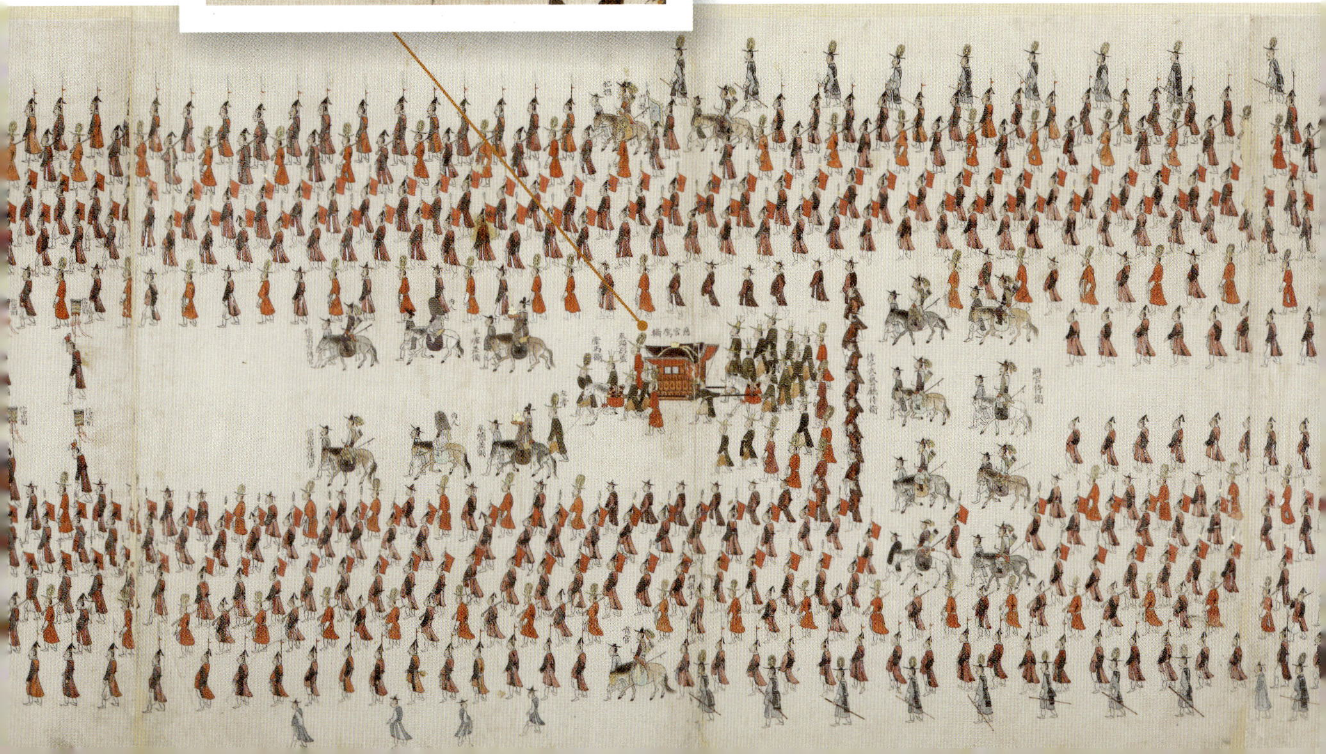

"날씨도 좋고 어머님도 건강하시니 이보다 기쁜 일이 없구나."

행차 중간중간 휴식을 취하며 정조는 어머니의 안부를 살피는 걸 잊지 않았어. 연로하신 어머니에게는 힘든 여정이 될 수 있으니 세심하게 신경을 썼던 거지. 행차 첫날 밤을 머물게 될 시흥행궁에도 먼저 도착해, 직접 살펴보고 어머니를 모셨단다. 어머니께 저녁 수라상을 올리고서야 정조는 화성행차 첫날을 무사히 보낸 걸 기뻐했다는구나.

정조가 탄 말

《화성원행반차도》 일부분

## 2일차, 화성행궁에 도착하다 (윤 2월 10일)

"신하와 군사들이 비를 맞을까 걱정이지만 화성이 멀지 않았다. 서둘러라."

시흥행궁에서 하룻밤을 지낸 왕의 행렬은 다시 화성을 향해 출발했어. 시흥대로를 지나 안양과 의왕을 거쳐 지금의 수원으로 향했지. 가는 도중에 비가 와서 길은 질고 미끄러웠어. 그래도 정조는 신하와 군사들을 격려하며 행차를 서둘렀단다.

빗속에서의 힘난한 행차가 화성에 다다르자 정조는 강한 왕의 모습을 보여 주기 위해 갑옷으로 갈아입었어. 그러고는 위풍당당하게 화성의 북문인 장안문을 지났단다. 미리 와 있던 신하들은 길옆에 엎드려 왕을 맞이했지. 꼬박 이틀이 걸려 드디어 화성에 도착한 거야.

### "무사히 도착해 다행이구나."

왕의 행렬은 행궁 정문인 신풍루를 지나 화성행궁으로 들어갔어. 그리고 행궁의 중앙에 자리한 봉수당에 도착했지.

정조는 말에서 내려 봉수당 왼쪽에 붙어 있는 장락당으로 어머니를 모시고 갔단다. 이곳에서 어머니께 저녁 수라상을 올리고 쉬시게 했지. 비로소 정조는 무사히 화성까지 온 것을 기뻐했단다. 창덕궁에서 화성행궁까지 63리, 지금으로 치면 약 34킬로미터가 되는 먼 거리였어. 연로하신 어머니와 수많은 사람들이 그 먼 거리를 무사히 이동할 수 있었던 건 참 다행스러운 일이었어. 아마도 1년에 걸친 철저한 준비 덕분이 아니었을까 싶구나.

《화성능행도》 중 〈화성성묘전배도〉 일부분

## 3일차, 향교를 참배하고 인재를 뽑다 (윤 2월 11일)

"학문을 익히고 번성하게 하는 것은 참으로 중요한 일이다."

화성행차 셋째 날, 공식적인 첫 행사는 향교 참배였어. 정조는 아침 일찍 공자의 위패가 모셔진 향교에 가서 참배했지. 유학의 창시자인 공자를 참배함으로써 학문을 사랑하고 발전시키고자 하는 자신의 뜻을 보여 주려 한 거야.

"이 지역 인재를 골고루 뽑아 쓰도록 하라."

정조는 문무과 특별 과거 시험을 치르게 했단다. 문과 시험에는 어머니 혜경궁 홍씨가 오래 사시기를 기원하는 내용의 글을 짓도록 하고 무과 시험에서는 한 명씩 활을 쏘게 했어. 이렇게 치러진 특별 과거 시험에서 문과는 5명, 무과는 56명의 합격자가 나왔어. 그리고 낙남헌에서 이들 합격자를 발표하는 행사인 '방방의'를 열었단다. 주로 화성과 주변 지역의 인재들을 뽑았어. 이 지역 백성들의 사기를 높이고 화성을 발전시킬 인재를 뽑기 위한 정조의 뜻이었지.

마지막으로 이틀 뒤에 있을 회갑 잔치 예행연습을 하고 정조는 셋째 날을 마무리했단다.

## 4일차, 현륭원을 참배하고 군사를 훈련시키다 (윤 2월 12일)

"나 또한 아버님이 이리 그리운데 어머님의 마음이야 오죽하겠느냐."

아직 해가 뜨기도 전, 정조는 어머니 혜경궁과 함께 아버지의 무덤인 현륭원을 찾았어. 화성에 온 목적 중 하나인 아버지의 무덤을 찾아 참배하기 위해서였지.

현륭원 안으로 들어서자 어머니 혜경궁은 울음을 터뜨렸어. 젊은 나이에 뒤주에 갇혀 죽은 남편을 생각하니 얼마나 원통하고 그리웠겠니? 그 모습을 지켜보는 정조의 마음은 또 어땠을까? 살아계셨다면 어머니와 함께 회갑 잔치를 하셨을 아버지를 떠올리며 참 많이 괴로웠을 거야. 하지만 정조는 어머니의 건강을 생각해 슬픈 마음을 다잡고 서둘러 행궁으로 돌아왔단다.

"성을 방어하고 적을 공격하라!"

정조는 투구와 갑옷을 갖춰 입고 말을 탄 채 팔달산 꼭대기 서장대에 올랐어. 직접 군사 훈련을 지휘하기 위해서였지. 이날 훈련은 아침과 저녁 두 번에 걸쳐 실시했단다. 북과 나팔이 울리고 하늘을 뚫을 듯한 함성이 울려 퍼졌어. 수많은 군사들이 힘차게 움직이며 공격과 방어전을 펼쳤지. 밤에는 성안의 백성들에게도 횃불을 밝히게 함으로써 훈련에 참여하도록 했어.

훈련이 끝난 후 수백 명의 군사들에게 상을 주는 것도 잊지 않았어. 이런 장엄한 군사 훈련 모습을 본 정조의 반대 세력은 어땠을까? 벌벌 떨지 않았을까? 이날 군사 훈련은 정조의 힘을 보여 주는 아주 중요한 행사였단다.

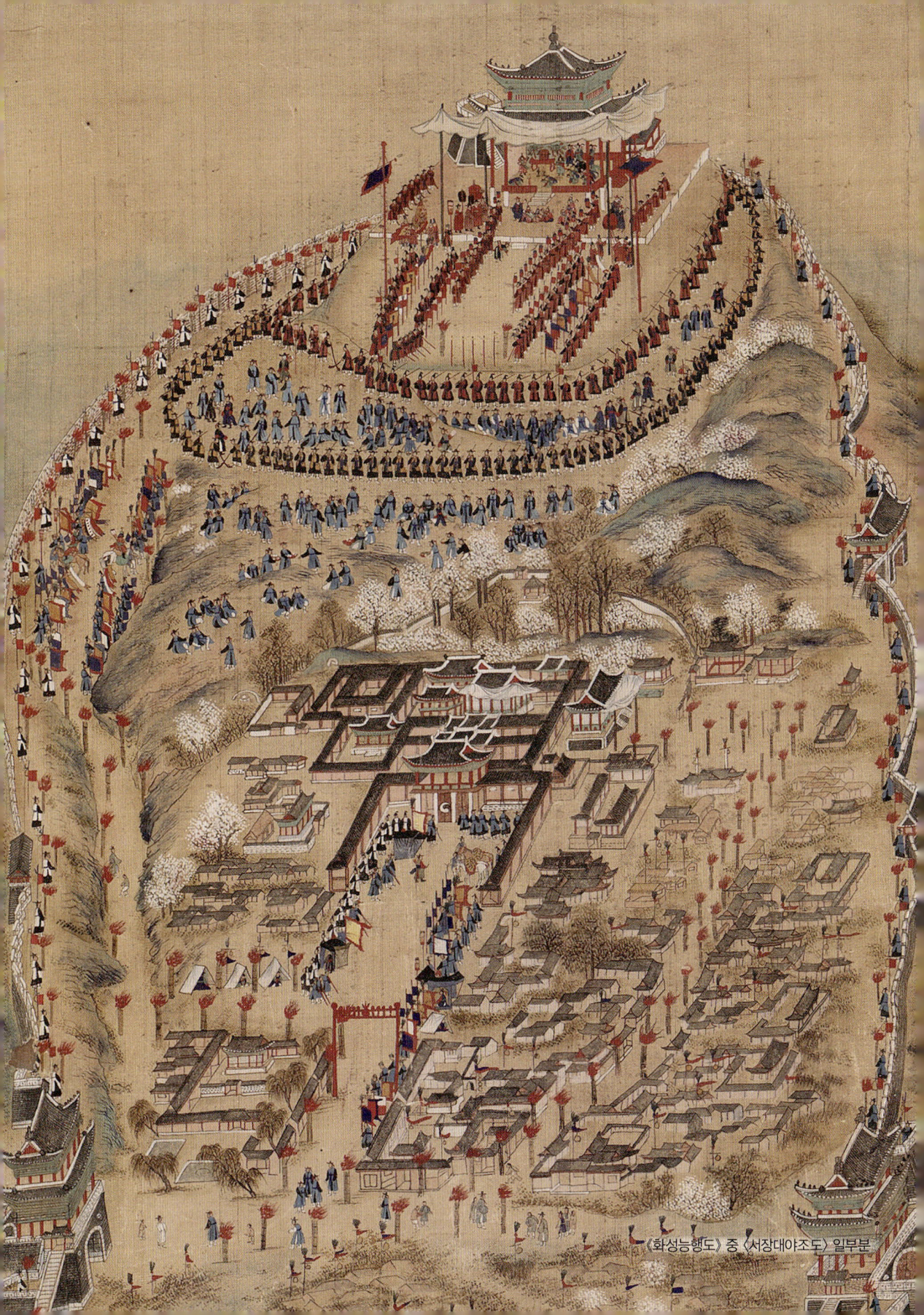

《화성능행도》 중 〈서장대야조도〉 일부분

## 5일차, 회갑 잔치를 열다 (윤 2월 13일)

"어머님의 회갑을 경하드리옵니다."

화성행차의 5일째 되는 날, 드디어 혜경궁 홍씨의 회갑 잔치가 열렸어. 이번 행차의 가장 중요한 행사였지. 봉수당에 혜경궁과 정조의 자리가 마련되고 앞마당에는 친척들과 신하들이 자리를 잡았지. 춤과 음악이 연주되고 꽃과 음식을 올리면서 화려한 잔치가 시작되었어. 모두 70종의 음식과 42개의 꽃이 쓰였다는구나. 잔치에 참석한 사람들 모두 혜경궁의 만수무강을 기원하며 잔치를 즐겼단다.

"어머님의 칠순 때도 현륭원에 참배하고 잔치를 열 것이다."

정조는 잔치가 끝난 후 신하들을 불러 음식을 베풀고 꽃을 나눠 주었어. 이런 뜻 깊은 경사에 날씨도 좋고 어머님도 건강하시어 기쁘다고 소감을 밝혔지. 그리고 10년 후 어머님의 칠순 때도 이번처럼 현륭원에 참배하고 잔치를 열 것이라고 했어. 그러니 오늘 사용한 것들을 잘 보관해 두었다가 10년 후에 쓰도록 하라고 일렀지. 하지만 안타깝게도 정조는 어머님의 칠순을 보지 못하고 5년 뒤 돌아가셨단다.

《화성능행도》 중 〈봉수당진찬도〉 일부분

## 6일차, 백성들에게 베풀다 (윤 2월 14일)

"백성들에게 차가운 죽을 먹이지 말지어다."

화성행차의 6일째 되는 날은 백성들을 위한 날이었어. 새벽부터 신풍루 앞에서는 백성들에게 쌀을 나누어 주고 죽도 끓여 먹였어. 차가운 죽을 먹이지 않도록 정조는 직접 죽을 맛보기도 했단다. 이날 나누어 준 쌀은 모두 368가마였고, 화성 사람 중 10분의 1 정도가 혜택을 받았다는구나.

또 낙남헌에서는 노인들을 위한 양로연이 열렸어. 음식과 비단을 나누어 주고 잔치를 베풀었지. 멀리서 구경 온 사람들에게도 음식을 나누어 주며 잔치를 즐기게 했어. 이날 열린 행사는 정조가 얼마나 백성들을 사랑하고 아꼈는지 잘 보여 주는 의미 있는 행사였단다.

《화성능행도》 중 〈득중정어사도〉 일부분

### "활쏘기를 하고 이번 행차를 마무리하자꾸나."

정조는 낙남헌 뒤에 있는 득중정에서 신하들과 활쏘기를 했어. 이날 30개의 화살을 쏘아 24개가 과녁에 명중했다고 하는구나. 정조는 원래 무예에 관심이 많은 편이었는데 활쏘기는 정신 집중을 위한 한 방법이기도 했대. 밤에도 활쏘기를 하고 땅에 묻은 화약을 터뜨리는 일종의 불꽃놀이도 했어. 이로써 화성에서의 모든 행사가 마무리되었단다.

## 7일차, 화성을 떠나다 (윤 2월 15일)

"행차 길목마다 대기한 군사들을 철수시켜라."

화성에서의 행사가 모두 끝나고 한양으로 다시 돌아가는 날이야. 왕의 행렬은 올 때와 같은 길을 따라 돌아가게 된단다. 정조는 행차 길목 곳곳에서 몇 날을 대기하며 보초를 섰던 군사들을 걱정하며 철수를 명령했지.

"여기에 오르면 떠나기 싫어 한참 동안 남쪽을 바라보게 되는구나."

화성행궁을 떠난 왕의 행렬은 미륵현에 도착했어. 미륵현은 지금의 수원시과 의왕시의 경계에 있는 고개란다. 정조는 이 고개에서 남쪽을 바라보며 한참을 서 있었어. 이 고개를 넘으면 더 이상 화성과 현륭원이 보이질 않았거든. 아버지를 홀로 두고 가는 발걸음이 쉽게 떨어지지 않았던 거야. 그래서 이 고개를 느리게 간다는 뜻의 '지지'라고 이름 짓고 미륵현 밑에 '지지대'라는 표석을 세우라고 했어. 이때부터 이곳은 지지대고개라고 불렸단다. 아버지를 향한 정조의 애틋한 마음이 지금도 남아 있는 비석에 어려 있는 듯하구나.

지지대비

《화성능행도》 중 〈시흥환어행렬도〉 일부분

## 8일차, 창덕궁으로 돌아오다 (윤 2월 16일)

"고통스러운 것이 있으면 숨기지 말고 말하라."

정조는 백성들의 힘든 삶에 귀를 기울인 어진 왕이었어. 직접 백성들의 목소리를 듣고자 한 것도 이번 화성행차의 중요한 목적 중 하나였지. 하룻밤을 머문 시흥행궁을 떠나며 정조는 백성들을 불러 하고 싶은 말이 있으면 하라고 일렀지. 궁궐 안에서는 백성들의 고통을 자세히 알지 못한다며 감추지 말고 다 말하라고 했어. 백성들이 고통을 토로하자 정조는 그동안 고치려고 노력한 점과 앞으로 고쳐야 할 것들을 이야기하며 앞으로도 행차 때마다 백성들의 이야기에 귀를 기울일 것이라고 말했단다.

《화성능행도》 중 〈한강주교환어도〉 일부분

### "8일간 모두 수고 많았소."

정조는 다시 한강 배다리를 건넜어. 그동안 배다리를 관리하고 건설한 사람들에게 고마움을 표하고 상을 내리는 것도 잊지 않았지. 정조는 내일 배다리를 철거하라고 명령을 내렸어. 그래서 다리를 놓은 지 23일 만인 윤 2월 17일 배다리는 철거되었어. 마침내 왕의 행렬은 8일 전과 똑같이 한강을 건너고 숭례문을 지나 창덕궁에 도착했단다. 이로써 정조의 8일 동안의 화성행차는 막을 내리게 된 거야.

# 6. 화성행차 그 이후
### - 그 이후 화성의 모습은 어땠을까?

## 1) 이루지 못한 정조의 꿈

　1795년 8일간의 화성행차는 신하와 백성들을 단합시키고 왕의 위엄을 보여준 중요한 행사였어. 이 일을 계기로 정조는 더욱 힘을 받으며 원하던 개혁 정치에 박차를 가할 수가 있었지. 마침내 다음 해인 1796년 10월에 드디어 화성이 완성되었어. 농장과 저수지 같은 화성의 여러 기반 시설들도 속속 마무리가 되었지. 이렇게 화성은 안정된 모습을 갖춘 자급자족 도시로 성장해 갔단다. 정조의 꿈이 곧 실현되는 듯했지. 하지만 1800년 6월 정조는 49세의 나이로 갑자기 죽음을 맞이하게 되었어. 예상하지 못한 안타까운 일이었어.

대한 제국 때의 장안문 풍경

그 후 아들 순조가 왕위를 이어받았지만 열두 살밖에 안 된 어린 나이였어. 그래서 정조의 할머니였던 정순왕후가 순조의 뒤에서 정치를 하면서 나라의 힘을 장악하게 되었단다. 이때부터 귀족 양반들의 세도정치가 시작된 거야. 백성들을 끌어안으려 했던 정조의 개혁 정치는 사라지고 일부 가문이 나라의 권력을 휘두르게 되었던 거지. 그러니 힘없는 백성들은 고통을 받을 수밖에 없었어. 정조의 무덤인 건릉과 현륭원에 왕들의 행차는 계속 이어졌지만 화성의 위상은 점점 낮아졌고, 결국 하나의 지방 도시쯤으로 여겨지게 되었단다.

화성 성곽은 적의 침입을 막기 위한 공격과 방어 시설을 갖춘 튼튼한 성곽이었지만 성곽을 쌓은 이후에는 전쟁이 일어나지 않았어. 그래서 실제로 군사 시설들이 사용된 적은 없었지. 하지만 일제 강점기를 거치면서 화성 성곽은 곳곳이 훼손되었고 화성행궁도 낙남헌을 제외한 모든 건물이 사라졌어. 1950년 한국 전쟁 때는 많은 성곽 시설들이 폭격에 무너지고 말았단다.

**일제 강점기 때의 훼손된 공심돈 모습**

## 2) 다시 태어난 수원화성

　1970년대에 이르러서야 화성의 원래 모습을 되찾기 위한 노력이 시작되었지. 다행히 화성의 공사 보고서라고 할 수 있는 《화성성역의궤》가 남아 있어 옛 모습 그대로 복원할 수 있었단다. 덕분에 1997년 수원화성은 유네스코 세계 문화유산에 등재될 수 있었어.

　우리나라의 전통적인 성곽 건설 기법에 동서양의 새로운 과학 지식과 기술을 활용한 점, 이전의 우리나라 성곽에 흔치 않았던 방어 시설을 짓고, 자연 지형을 이용하여 아름답게 지어진 점 등이 높이 평가되었단다. 하지만 무엇보다 화성 건설에 참여한 많은 백성들과 기술자들에게 보여 준 정조의 따뜻한 마음이 화성을 더욱 빛나게 하는 것 같아.

　지금까지 화성을 알아보고 둘러본 소감이 어때? 아버지를 향한 정조의 효심과 개혁을 통해 모든 백성들이 잘 사는 나라를 만들고자 했던 정조의 마음이 느껴지니? 정조의 꿈이 담긴 도시, 세계가 인정한 화성은 앞으로도 우리가 가꾸고 지켜 나가야 할 소중한 유산이란 걸 잊지 않았으면 좋겠구나.

## 똑똑한 역사 읽기: 원행을묘정리의궤, 화성행차 8일간의 기록

의궤란 왕실에서 거행한 행사나 의식을 글과 그림으로 기록한 책이라고 했지?《원행을묘정리의궤》도 그중의 하나야. 이름이 어렵게 느껴지지만 하나하나 그 뜻을 생각하면 쉽게 이해할 수 있어.

'원행'이란 사도세자의 무덤인 현륭원을 방문했다는 뜻이고, '을묘'란 행차한 때가 1795년 을묘년이라는 것, 그리고 '정리'란 정리자라는 활자로 인쇄했다는 뜻이야. 즉《원행을묘정리의궤》는 정조가 1795년 어머니 혜경궁 홍씨의 회갑을 맞아 화성에 행차하여 현륭원을 참배하고 잔치를 열었던 8일간의 기록이란다.

이 의궤에는 행사에 관련된 왕의 명령과 대화 내용, 행사에 참여한 사람들, 음식의 종류와 그릇, 심지어 숟가락, 젓가락의 개수까지 기록되어 있다고 하는구나. 또한 화성행궁 봉수당에서 열린 회갑 잔치와 무녀들의 춤, 사용된 도구와 장식 등의 행사 관련된 그림이 55매에 걸쳐 그려져 있단다. 그리고 63매에 걸쳐 수록된 장대한 행렬 그림은 1,779명의 인물 모습까지 아주 세밀하게 묘사되어 있어 누가 어느 위치에 서서 행진했는지, 어떤 옷을 입었는지도 알 수가 있다고 하는구나. 지금으로 치면 사진이나 동영상과 비슷하다고 할 수 있지. 이런 의궤의 그림을 '반차도'라 하는데 주로 김홍도와 같은 최고의 화원들이 그린 거란다.

이런 세세한 기록 덕분에 현재에도 혜경궁의 회갑 잔치를 재현할 수 있고, 조선 시대 궁중 문화와 생활사를 연구하는 데도 많은 도움을 받고 있어. 그래서《원행을묘정리의궤》는《화성성역의궤》와 더불어 조선왕실의궤의 으뜸으로 꼽힌단다.

104

## 🏯 관람 시간

|  | 하절기(3월~10월) | 동절기(11월~2월) |
|---|---|---|
| 수원화성 | 09:00 ~ 18:00 | 09:00 ~ 17:00 |
| 화성행궁 | 09:00 ~ 18:00 | 09:00 ~ 17:00 |

수원화성은 '개방형'이에요. 관람 시간 후에는 무료로 관람할 수 있어요.
화성행궁 입장은 관람 종료 30분 전까지 가능해요.

## 🏯 관람 방법

가장 기본적인 관람 방법은 성곽 길을 따라 천천히 걷는 거예요. 팔달문부터 성곽 길을 따라 시계 방향으로 걸으면 4~5시간 정도 소요되지요. 수원시청 홈페이지(http://www.swcf.or.kr/)에서 소요 시간별 다양한 추천 코스를 확인해 보세요.

## 🏯 상설 공연

| 공연명 | 공연 내용 | 장 소 | 기 간 |
|---|---|---|---|
| 무예24기 시범 상설 공연 | 정조의 명으로 만든 무예 훈련 교범인 《무예도보통지》에 실린 무예를 선보이는 공연이에요. | 화성행궁 신풍루 | 매주 화요일 ~ 일요일 11:00 |
| 장용영 수위 의식 | 정조의 친위 부대인 장용영 군사들의 수위 의식 및 군사 훈련 모습을 재현한답니다. | | 4월~10월, 매주 일요일 14:00 |
| 토요 상설 공연 | 1796년 수원화성 완공을 기념하는 낙성연에서 선보인 전통 줄타기나 궁중무용, 풍물놀이 등을 볼 수 있어요. | | 4월~10월, 매주 토요일 14:00 |

※ 기상 조건에 따라 공연이 취소될 수 있으며, 너무 더울 때(7~8월)에는 공연을 하지 않아요.

## 🏯 이색 체험

| 공연명 | 공연 내용 | 장 소 | 기 간 |
|---|---|---|---|
| 스탬프 투어 | 주요 명소 열 곳을 다니며 각기 다른 스탬프를 모아 보아요. 열 가지 스탬프를 모두 모으면 작은 기념품을 받을 수 있답니다. | 화성행궁, 장안문, 팔달문, 창룡문, 화서문, 화홍문, 남수문, 서장대, 수원전통문화관, 수원화성박물관 | 연중 |
| 국궁 체험 | 정조의 친위 부대인 장용영 군사들이 무예를 연마하고 훈련하던 장소에서 활쏘기를 체험해 보아요. | 연무대 | 3~10월, 09:30~17:30, 11~2월, 09:30~16:30 |
| 효원의 종 타종 체험 | 종을 총 3번을 칠 수 있는데, 첫 번째는 부모님께 감사하는 마음으로, 두 번째는 가족의 건강과 화목을 기원하며, 세 번째는 자신의 발전과 소원을 비는 것이랍니다. | 팔달산 정상 | 3~10월, 09:00~18:00, 11~2월, 09:00~17:00 |

※ 기상 조건에 따라 체험이 중단될 수 있어요.

## 사진 출처

**12**, 《화성성역의궤》 중 〈화성전도〉, 국립중앙박물관 소장

**17**, 《동국여도》 중 〈기전도〉, 규장각한국학연구원 소장

**20**, 무예24기 시범 공연 사진, 수원문화재단 소장

**21**, 《무예도보통지언해(목판본, 1790)》 중 〈편곤총도〉, 국립한글박물관 소장

**23**, 《화성성역의궤》 중 〈치성도〉, 〈동남각루도〉, 국립고궁박물관 소장

**31**, 《화성성역의궤》 중 〈거중기분도〉, 〈거중기전도〉, 국립중앙박물관 소장

**52**, 《화성성역의궤》 중 〈동장대도〉, 국립고궁박물관 소장

**56~57**, 《화성성역의궤》 중 〈서북공신돈이도〉, 〈동북공심돈이도〉, 국립고궁박물관 소장

**67**, 《화성원행의궤도》 중 〈화성행궁도〉, 국립중앙박물관 소장

**80**, 정조 능행차 사진, 수원문화재단 소장

**81**, 정조 능행차 사진, 수원시청 소장

**82~83**, 《화성원행의궤도》 중 〈기용도〉, 〈주교도〉, 국립중앙박물관 소장

**84~85**, 《화성원행반차도》, 국립중앙박물관 소장

**88~90**, 《화성능행도》 중 〈화성성묘전배도〉, 〈서장대야조도〉, 국립중앙박물관 소장

**91**, 《화성능행도》 중 〈서장대야조도〉, 국립고궁박물관 소장

**92**, 《화성원행의궤도》 중 〈포구락〉, 〈무고〉, 국립중앙박물관 소장

**93~95**, 《화성능행도》 중 〈봉수당진찬도〉, 〈득중정어사도〉, 국립중앙박물관 소장

**96**, 지지대비 사진, 수원시청 소장

**97~99**, 《화성능행도》 중 〈시흥환어행렬도〉, 〈한강주교환어도〉, 국립고궁박물관 소장

**100~101**, 경기 수원화성 장안문 사진, 공심돈 전경 사진, 국립중앙박물관 소장

**104~105**, 《원행을묘정리의궤》 중 학무, 향발, 여령복식, 동기복식, 규장각한국학연구원 소장

**106**, 무예24기 시범 공연 사진, 수원문화재단 소장

※ 이 책에 실린 모든 사진은 저작자의 허락을 받고 실었습니다.
따라서 무단으로 사용하는 경우 저작권법 등에 따라 법적 책임을 질 수 있습니다.

**교과 연계**
3학년 1학기 사회 2단원 우리가 알아보는 고장 이야기
4학년 1학기 사회 2단원 우리가 알아보는 지역의 역사
4학년 1학기 국어 2단원 정보를 찾아서
5학년 1학기 국어 6단원 깊이 있는 생각
5학년 2학기 사회 1단원 조선 사회의 새로운 움직임

찾아가는 역사
# 수원화성
ⓒ 글 이미지 · 그림 김주리, 2019

**펴낸날** 1판 1쇄 2019년 10월 15일 인쇄  2019년 10월 22일 발행
**글** 이미지  **그림** 김주리  **기획** 날개달린연필  **사진** U&J(글씸)
**펴낸이** 문상수  **펴낸곳** 국민서관㈜  **출판등록** 제406-1997-000003호
**본부장** 김영훈  **편집팀장** 목선철  **편집** U&J(글씸)  **디자인** U&J(글씸)  **캘리그라피** 임재승
**마케팅** 조병준, 이성호  **제작** 윤여동
**주소** (10881) 경기도 파주시 광인사길 63 국민서관㈜
**전화** 070)4330-7842  **팩스** 070)4330-7845
**홈페이지** http://www.kmbooks.com  **카페** http://cafe.naver.com/kmbooks
**페이스북** http://www.facebook.com/kookminbooks
**ISBN** 978-89-11-12666-8 74900 / 978-89-11-12622-4 (세트)  **값** 13,000원

* 잘못된 책은 구입하신 곳에서 바꿔 드립니다.
* 이 책의 일부를 재사용하려면 반드시 국민서관㈜의 동의를 얻어야 합니다.
* 이 책은 친환경 콩기름 잉크로 인쇄하였습니다.

「이 도서의 국립중앙도서관 출판예정도서목록(CIP)은 서지정보유통지원시스템 홈페이지(http://seoji.nl.go.kr)와
국가자료종합목록 구축시스템(http://kolis-net.nl.go.kr)에서 이용하실 수 있습니다. (CIP제어번호 : CIP2019034866)」